Aliete Oliveira

Preservativo, Sida e Saúde Pública

Coordenação Científica da Colecção Ciências e Culturas
João Rui Pita e Ana Leonor Pereira

Os originais enviados são sujeitos a apreciação científica por *referees*

Coordenação Editorial
Maria João Padez Ferreira de Castro

Edição
Imprensa da Universidade de Coimbra
Email: imprensa@uc.pt
URL: http://www.uc.pt/imprensa_uc

Design
António Barros

Pré-Impressão
SerSilito-Empresa Gráfica, Lda.

Capa
Pedro Falcão
ST 11 (Série Expulsão de Energia), 2006
Tinta de água s/ papel
Cortesia Galeria Sete

Print By
CreateSpace

ISBN
978-989-8074-62-1

ISBN Digital
978-989-26-0477-0

DOI
https://doi.org/10.14195/978-989-26-0477-0

Depósito Legal
282192/08

Os volumes desta coleção encontram-se indexados e catalogados
na Basedados da Web of Science.

À minha filha

e ao meu marido.

ÍNDICE GERAL

2ª Parte:

O Uso e o Não Uso do Preservativo na População Universitária de Coimbra

PREFÁCIO

A presente obra resulta da adaptação para livro da dissertação de Mestrado de Aliete Cunha Oliveira, *O uso e o não uso do preservativo numa população jovem* e que tinha como sub-título *contributo para a compreensão dos factores que condicionam a adesão aos mecanismos de prevenção do VIH/sida.*

A autora, Enfermeira de Saúde Pública, actualmente Doutoranda em Ciências da Enfermagem na Faculdade de Medicina e Investigadora não Doutorada do Centro de Estudos Interdisciplinares do Século XX-CEIS20 da Universidade de Coimbra, seleccionou para objecto da sua dissertação de Mestrado em Saúde Pública, realizado no Instituto de Higiene e Medicina Social da Faculdade de Medicina da Universidade de Coimbra, um assunto da maior actualidade e interesse. Desde logo, porque aborda uma das preocupações sanitárias mais relevantes da actualidade, a *sida*; por outro lado, porque estuda a utilização de um dispositivo médico de ampla divulgação – o preservativo. Depois porque cruza estes dois tópicos com a problemática de saúde pública com adultos jovens, com estudantes do ensino universitário.

O trabalho que agora se publica procurou identificar e analisar diversos factores que condicionam o mau uso ou a não utilização do preservativo em jovens, tendo também por objectivo saber a opinião que os jovens têm sobre as campanhas sanitárias existentes e que lhes são dirigidas. Os resultados apresentados têm como pano de fundo uma investigação realizada pela autora sobre a dimensão social e ética do problema, tendo, igualmente, realizado uma análise crítica de diversas fontes, autêntico trabalho de história da saúde do tempo presente ou de sociologia da saúde.

Na primeira parte, a autora faz um ponto da situação do maior interesse para a compreensão do problema: incide o seu estudo sobre diversas questões da adolescência, sobre as questões sexuais na adolescência, depois aborda e analisa as "fontes" da *sida* no mundo e em Portugal, interpretando números, estudando as mensagens, os discursos utilizados e as estratégias de comunicação sobre a doença e sua prevenção, aborda e analisa os conhecimentos e *mitos* sobre a *sida* e faz uma abordagem histórica sobre a utilização do preservativo até à actualidade. Contudo, o trabalho que realizou na primeira parte da sua obra e que ocupou cerca de metade da dissertação, não se limitou a ser uma compilação de textos, uma selecção de depoimentos, uma colectânea de estudos. A autora faz uma análise crítica dos documentos e interpreta-os como deverá ser num trabalho científico.

Mas se a abordagem que faz do tema nessa parte é muito original, o trabalho redobrou a originalidade e tornou-se numa referência ainda mais importante em função do trabalho de campo onde indagou sobre o uso ou o não uso do preservativo numa população jovem avaliando os conhecimentos que os jovens têm sobre muitas questões relacionadas com a sexualidade, com a prevenção sobre doenças sexualmente transmissíveis, sobre diversos aspectos relacionados com o preservativo. Assim, na segunda parte da obra a autora dá a conhecer os resultados da investigação que realizou em jovens para identificar e analisar diversos factores que podem condicionar a utilização do preservativo e sobre o seu nível de conhecimentos sobre doenças sexualmente transmissíveis.

Utilizando uma metodologia de trabalho apropriada a estudos desta natureza, a autora sustenta os seus resultados num inquérito realizado a alunos do ensino universitário de todas as Faculdades da Universidade de Coimbra, uma população que, teoricamente, deveria apresentar elevados índices de informação sobre o problema.

As conclusões a que chegou são interessantes, inovadoras e surpreendentes. Desafiamos o leitor interessado à sua leitura, na certeza de que o trabalho agora publicado na colecção «Ciências e Culturas» constitui um trabalho de referência e de leitura obrigatória em áreas como a saúde pública, a história e sociologia da saúde, a enfermagem, a psicologia.

Coimbra, Setembro de 2008

Salvador Massano Cardoso
João Rui Pita

APRESENTAÇÃO

Este livro constitui uma versão revista da tese de mestrado apresentada pela autora em 2007 à Faculdade de Medicina da Universidade de Coimbra, com o título *"O Uso e o Não Uso do Preservativo numa População Jovem – contributo para a compreensão dos factores que condicionam a adesão aos mecanismos de prevenção do VIH/sida"*. Na versão ora apresentada reune-se num único capítulo a apresentação dos resultados e a sua discussão e foram retirados alguns anexos com dados considerados menos relevantes.

Um trabalho desta natureza não é possível sem o concurso de uma série de boas vontades. Por isso, gostaria aqui de agradecer a todos quantos contribuiram para que ele chegasse a bom termo.

Em primeiro lugar, aos meus orientadores: Professor Doutor João Rui Pita, da Faculdade de Farmácia da Universidade de Coimbra, pela inexcedível amizade, disponibilidade e competência com que orientou o presente trabalho; e Professor Doutor Salvador Massano Cardoso, da Faculdade de Medicina da Universidade de Coimbra, pela forma como acolheu e encorajou a ideia e a prossecução desta investigação.

Uma palavra de especial carinho e apreço por todos aqueles que me apoiaram e deram força e que, de uma forma ou de outra, tornaram a minha tarefa mais fácil e aprazível: Mestre José Cunha Oliveira, pelo companheirismo e apoio constantes, pelo empenho com que assumiu a tarefa de consultor em várias áreas do saber, pela ajuda na descoberta de caminhos, e pelo importante papel que desempenhou na edição e revisão da versão final do presente texto; Mestre Ilda Massano Cardoso, pela simpatia e amizade com que me orientou no estudo-piloto e me aconselhou na Análise Estatística; Profª. Doutora Irma Brito, pelas sugestões preciosas, conselhos amigos e palavras de incentivo com que me distinguiu; Professor Doutor Vítor Rodrigues, pela disponibilidade com que me foi abrindo portas e me pôs em contacto com as pessoas certas; Profª Doutora Maria Teresa Cunha Oliveira, pela prestimosa ajuda e colaboração no arranjo informático deste trabalho.

Uma palavra de gratidão é devida a todos os professores e docentes universitários que de forma pronta e eficaz proporcionaram e conduziram a passagem do Questionário nas suas aulas: Professor Doutor Abel Gomes Ferreira, Professora Doutora Ana Leonor Pereira, Professor Doutor António Bernardes, Professora Doutora Cláudia Cavadas, Professor Doutor João Almeida, Professor Doutor José Alberto Soares da Fonseca, Professor Doutor José Manuel Tomás da Silva, Professor Doutor Paulo Gama, Professor Doutor Rui Bebiano, Professora Doutora Teresa Pedroso Lima, Prof. Doutor Alexandre Dias Pereira, Mestre André Dias Pereira, Mestre Luís Alcoforado, Mestre Paulo Nobre, Mestre Pedro Gaspar e Mestre Sónia Fidalgo.

Por terem, simpaticamente, autorizado a tradução, disponibilizado os originais e terem dado esclarecimentos sobre as escalas utilizadas na presente investigação: Cheryl Koopman, Ph.D., Department of Psychiatry and Behavioral Sciences, Stanford University; Dana D. DeHart, Ph.D., The Center for Child & Family Studies, University of South Carolina; e Karen Vail-Smith, Ph.D., Department of Health Education and Promotion, East Carolina University.

1ª PARTE:

ENQUADRAMENTO TEÓRICO

"O futuro das epidemias mundiais de VIH depende, em muitos aspectos, dos comportamentos que os jovens venham a adoptar e a manter e dos factores contextuais que determinam as suas escolhas»"

(ONUSIDA, 2006)

INTRODUÇÃO

"Em muitas regiões do mundo, os novos casos de infecção por VIH surgem principalmente no grupo de jovens dos 15 aos 24 anos, grupo responsável por 40% das novas infecções nas pessoas com mais de 15 anos de idade" *(ONUSIDA, 2006, p. 3).*

De há muito tem sido nossa preocupação e particular interesse o estudo da sexualidade da adolescência e juventude. Os adolescentes e os jovens em geral têm pouco tropismo para os serviços e profissionais de saúde. Talvez porque não achem que as suas preocupações, dúvidas ou problemas tenham uma resposta nos *settings* de saúde.

Na sociedade ocidental, a adolescência é uma fase da vida cada vez mais dilatada no tempo. Começa com a puberdade e o aparecimento dos primeiros caracteres sexuais secundários e termina quando o jovem adquire maturidade biológica e psíquica e autonomia financeira e emocional. Assim, do ponto de vista do seu desenvolvimento pessoal como do ponto de vista psico-social, os jovens universitários cabem no conceito de *adolescência* e *juventude*, cujas balizas são, segundo a OMS, os 10 e os 19 anos de idade, para os *adolescentes*, e os 15 aos 24 anos para os *jovens*. É nesta fase da vida que, ao mesmo tempo que estudam e dependem economicamente dos pais, os jovens universitários se defrontam com a vivência da sua sexualidade.

Os padrões sociais que regem o comportamento sexual dos jovens modificaram-se de tal forma nas últimas décadas que se fala mesmo de uma *revolução sexual*. Por exemplo, a legitimação do sexo pelo casamento deu lugar à legitimação pelos afectos ou pelo namoro e, mais recentemente, à simples legitimação pelo prazer; as raparigas passaram a ter actividade sexual regular antes do casamento; por volta dos 16-17 anos de idade, rapazes e raparigas têm uma probabilidade idêntica de já terem tido relações sexuais; a expectativa de um *casamento para a vida* deu lugar à previsível *sucessão de casamentos ao longo da vida*; e a família clássica deu lugar a famílias monoparentais e a redes complexas de parentesco. Para essa transformação contribuíram factores como o aparecimento dos contraceptivos hormonais, a democratização e alongamento do ensino, a perda de influência das religiões convencionais, a alteração do modelo familiar e do modelo de relacionamento interpessoal.

Em muitas regiões do mundo, os novos casos de infecção por VIH surgem principalmente no grupo de jovens dos 15 aos 24 anos, responsável por 40% das novas infecções nas pessoas com mais de 15 anos de idade (ONUSIDA, 2006, p. 3). Impõe-se uma atenção especial e cuidada aos factores de transmissão do VIH na faixa etária dos 15 aos 24 anos e às estratégias que possam conduzir à sua prevenção. "O futuro das epidemias mundiais de VIH depende, em muitos aspectos, dos comportamentos que os jovens venham a adoptar e a manter e dos factores contextuais que determinam as suas escolhas" (ONUSIDA, op. cit., p.8). E como os estudantes universitários, na sua grande maioria, cabem na faixa etária dos 15 aos 24 anos, constituem um grupo que tem merecido a atenção de muitos investigadores na área da sexualidade e das infecções sexualmente transmissíveis. Os indicadores epidemiológicos e sociais colocam a sociedade portuguesa num lugar preocupante na hierarquia dos países da Europa Ocidental (CNsida,2007, p.7). Assim, a infecção pelo VIH foi considerada pelas entidades governamentais nacionais uma área de intervenção prioritária, encontrando-se inscrita no Plano Nacional de Saúde. Segundo os próprios considerandos do Despacho nº19 871/2005 do Ministro da Saúde, "os casos em adolescentes e adultos jovens representam o fracasso da prevenção primária, mas também da prevenção secundária, por diagnósticos perdidos, barreiras no acesso aos cuidados e tratamentos, má adesão ou ineficácia do próprio tratamento".

O advento da *sida*[1] no início dos anos 80 do Séc. XX viria a constituir o maior desafio sanitário do nosso tempo. Sendo a nossa Civilização marcada pela enorme facilidade de viajar e interagir, e por uma recente e radical mudança de hábitos e preceitos associados à sexualidade, depressa a *sida* se transformaria numa pandemia universal, transpondo grupos, classes sociais e faixas etárias. "Estamos entrando na terceira década da epidemia (...) e as duas décadas anteriores produziram uma série de impactos sobre os jovens; houve importantes mudanças nos comportamentos afetivos sexuais, embora ainda esteja longe a tão sonhada prevenção completa dessa doença, que poderia ser feita basicamente com medidas teoricamente simples, como o uso da camisinha. Mas já é possível identificar algumas mudanças, e essas mudanças se inserem num conjunto muito diverso de intervenções (...). Pensar na saúde dos jovens implica pensar sobre os impactos da epidemia da AIDS em suas vidas, em especial no que tange a sexualidade. É preciso considerar que os jovens não são iguais: eles têm diferenças de gênero, de classe social, de raça, que devem ser levados sempre em consideração" (Knauth, op. cit., p.163-164).

É difícil explicar a relutância dos adolescentes em utilizar métodos de prevenção da gravidez e de IST. Alguns autores defendem que os adolescentes não têm, muitas vezes, maturidade cognitiva para compreender as consequências de não se fazer prevenção, por acharem que estão livres de risco, ou por não compreenderem a probabilidade de concepção ou de contaminação em cada acto sexual desprotegido. Provavelmente, as

---

[1] A palavra tem evoluído de acrónimo para substantivo comum. Hoje, a forma mais corrente é a substantiva. "Ao contrário das designações indirectas [*peste cor-de-rosa, cancro gay, doença misteriosa, síndrome cubano*], o nome próprio designa directamente o referente. O nome próprio é dado a seres evocados muitas vezes, estáveis no espaço e no tempo e com importância social ou afectiva. Neste caso, o nome próprio começou por ser importado da designação norte-americana (AIDS). Quando transitou para a designação portuguesa, começou por se apresentar como acrónimo de *síndroma de imunodeficiência adquirida*. Nos primeiros momentos de afirmação do seu nome, *Sida*, era do género masculino (o *Sida*). A transição para nome comum regista-se em 1985 (a *sida*), designação dominante quando escrita no interior do título (Ponte, 2004, p. 92). No Brasil prevaleceu a sigla norte-americana (AIDS), evoluindo posteriormente para "Aids". Neste trabalho, grafaremos *sida* em itálico, quando a alusão seja de nossa autoria, respeitando as grafias originais nas citações.

diferenças de comportamento entre os que fazem prevenção e os que não fazem terão que ver com a fase do desenvolvimento do eu e da identidade.

Certo é que, apesar das campanhas a favor do uso sistemático do preservativo, os jovens continuam a usá-lo de forma inconsistente e a correr riscos de contágio e de propagação do VIH. E os estudantes universitários, que se supõe terem mais informação do que a população geral sobre os riscos das relações sexuais não protegidas, comportam-se bastante abaixo do que seria de esperar de um grupo em formação superior. As questões levantadas por este comportamento são múltiplas. Os autores do estudo SIDAdania (Rodrigues et al., 2006) reconhecem que o questionário por eles utilizado "não permitiu conhecer as razões da não utilização do preservativo" [2] pelos jovens universitários. Em Leão (2005, p.201), encontrámos perguntas como estas: "será que o preço dos preservativos está na base desse comportamento de risco? Será que as raparigas consideram que trazer preservativos, ou ir comprá-los, é uma tarefa que não lhes cabe a elas, mas sim aos rapazes? Podemos supor que os jovens entrevistados têm ou tiveram apenas um(a) parceiro(a) sexual e, portanto, não consideram importante usar preservativo?" Perguntas às quais responde do seguinte modo: "Estas e muitas outras questões ligadas ao não uso do preservativo só poderão ser cabalmente esclarecidas em estudos futuros".

Com o presente estudo pretendemos conhecer a dinâmica e os determinantes do uso e não uso do preservativo e perspectivar novas formas de conceber e comunicar as mensagens preventivas na área da sexualidade juvenil universitária.

Os resultados obtidos e os ensinamentos deles recolhidos podem constituir uma contribuição para o desenvolvimento de uma mais eficaz promoção de comportamentos saudáveis entre os jovens, na esfera da sua sexualidade.

---

[2] No presente trabalho, sempre que utilizarmos o termo *preservativo* estaremos a referir-nos ao *preservativo masculino, condom* ou *camisinha.*

CAPÍTULO 1

OS ADOLESCENTES E OS JOVENS ADULTOS

A representação da vida sexual nunca é de natureza simplesmente intelectual, dado que a sexualidade se encontra investida pela força pulsional. Na adolescência as forças pulsionais são muito intensas e a maturação intelectual está ainda incompleta. Esse período da vida é, portanto, mais propenso a comportamentos que facilitam gravidezes inoportunas [1] e infecções sexualmente transmissíveis, incluindo a *sida*. As campanhas sanitárias destinadas a diminuir os comportamentos de risco e a promover medidas de protecção individual, através do uso sistemático do preservativo, não têm tido o êxito esperado. No que respeita à obtenção de conhecimentos sobre sexo, calcula-se que não chegam a 30% os adolescentes que falam de uma forma franca e aberta com os pais. A maior parte dos pais acredita que os seus filhos adolescentes se informam sobre sexo junto de colegas, irmãos mais velhos, revistas ou televisão. Por outro lado, os adolescentes tendem a considerar os adultos um recurso secundário em matéria de informação sobre sexo, e isso tende a ser tanto mais verdade quanto mais idade tem o jovem. A principal explicação para este fenómeno universal, tanto em meios puritanos como liberais, pode estar nos sentimentos de cumplicidade e intimidade necessários para que o jovem se exprima livremente nesta matéria.

A adolescência é um período de oportunidades de crescimento a vários níveis: físico, de competência social e cognitiva, de autonomia, de auto-estima e de intimidade. Mas é também um período de grandes riscos. A maioria dos jovens atinge uma idade adulta satisfatória e produtiva, mas uma minoria (1 em cada 5, ou 20%) defronta-se com problemas sérios. Entre os perigos destaca-se a gravidez e a maternidade inoportunas, as taxas de mortalidade por acidentes e suicídios, o abuso de álcool e drogas, actividades marginais e uma sexualidade sem controle.

"No âmbito psíquico, a adolescência é uma fase de definição da identidade sexual com experimentação e variabilidade de parceiros. O pensamento abstracto ainda incipiente nos adolescentes faz com que se sintam invulneráveis, se expondo a riscos sem prever suas consequências. Instáveis, susceptíveis a influências grupais e familiares,

---

[1] É corrente usar-se a expressão *gravidez indesejada* para a gravidez na adolescência. É uma expressão equívoca, já que não fica claro *por quem é indesejada* essa gravidez. Muitas jovens e adolescentes desejam realmente engravidar, apesar de não ser oportuno por um conjunto de razões ligadas à falta de autonomia pessoal, económica e social. Por isso, preferimos utilizar a expressão *gravidez inoportuna*.

estes jovens beneficiam de um bom relacionamento familiar para proteger-se das DST"
(Taquette et al., op. cit., p. 211).

A grande incidência de indivíduos infectados pelo VIH entre a população adolescente em todo o mundo deve-se, além de uma possível carência de informação adequada, à tendência que têm os jovens para adoptar comportamentos de risco e para se exporem a situações em que esses comportamentos de risco ficam fora do seu controle. "Embora a maioria já tenha ouvido falar de SIDA, muitos não conhecem os meios de transmissão ou têm uma percepção enviesada do risco real de infecção, pensando que *só acontece aos outros*" (Canavarro et al., 2003, p.2).

"A grande lição que a epidemia da AIDS nos trouxe neste início de sua terceira década é [...] que a informação não corresponde à mudança de comportamento. [...] Há uma decalagem bastante grande entre o que as pessoas referem de informação e o que elas fazem na prática, e eu acho necessário pensar muito sobre isso, porque a maior parte dos programas de prevenção continuam a priorizar apenas a informação. Esta concepção de que basta informação para mudar o comportamento das pessoas é baseada em uma lógica racionalista e economicista. Ou seja, pressupõe que as pessoas, ao agirem, estão sempre realizando um cálculo consciente de suas perdas e ganhos. [...] Uma outra implicação dessa concepção é a idéia de que os comportamentos se definem individualmente, ou seja, os indivíduos escolhem individualmente e livremente que comportamento assumir. Essa perspectiva desconsidera os condicionantes sociais e de gênero aos quais os indivíduos estão submetidos. E se não trabalharmos com esses condicionamentos, pouco vamos interferir nos comportamentos individuais, porque eles não são um mero espelho da vontade das pessoas" (Knauth, op. cit., p.163-164).

A compreensão da dinâmica interna do desenvolvimento físico, intelectual e emocional do adolescente terá que ser parte integrante do desenho de estratégias preventivas das infecções sexualmente transmissíveis, nomeadamente da infecção pelo VIH. Caso contrário, corremos o risco de estar a falar não de adultos para adolescentes e jovens mas, simplesmente, de adultos para adultos.

1.1. Limites temporais da adolescência

Nas sociedades de padrão ocidental, a adolescência é um período de transição longo, de limites difíceis de traçar. Se, como diz Silva (1992, p.14), "em relação ao *limite inferior* o entendimento parece ser pacífico – a adolescência começa com o início da puberdade e com o aparecimento dos primeiros caracteres sexuais secundários –, outro tanto não se pode dizer em relação ao *limite superior*: os jovens terminam a adolescência quando adquirem autonomia biológica, psíquica, financeira e emocional. Estes planos, raramente coincidentes no tempo, variam, de resto, consoante o contexto cultural, racial, étnico, e mesmo familiar. Só por excepção há sobreposição entre os planos biológico, económico e psíquico". Ao período que decorre entre a maturidade biológica, sexual e psíquica e a plena autonomia social, emocional, ocupacional e financeira, costuma chamar-se *moratória psico-social*, de Erik Erikson (Alarcão, 2002, p.168).

1.2. Puberdade e rituais de passagem

A adolescência é um dado de natureza sócio-cultural, civilizacional e económica, pelo que se diz que a adolescência começa com a biologia e termina com a cultura (Sprinthall e Collins, 2003, p. 191).

Stanley Hall (1844-1924) foi o fundador dos estudos sobre a adolescência, com a publicação do livro *Adolescence*, em 1904. Hall considerou a adolescência um importante período do desenvolvimento humano, que até então havia sido ignorado pela Psicologia e pela sociedade. Mas é possível que a ideia de «adolescência» e a sua realidade, tal como hoje a conhecemos, sejam elas mesmas um produto do século XIX. Contudo, os termos *adolescente, jovem* e *geração jovem* são usados de maneira diferente em várias sociedades. Essas categorias associam-se com diferentes papéis, responsabilidades e idades, em função do contexto local. Os acontecimentos principais da vida, como a iniciação sexual, o emprego, a integração em organizações de adultos, a participação política, a constituição de família e a procriação ocorrem em momentos diferentes conforme as sociedades e no seio de cada uma delas. A ONU (UNFPA, 2005, p. 45) utiliza as seguintes definições:

Adolescentes – pessoas com idades compreendidas entre os 10 e os 19 anos

Geração Jovem – pessoas de 15 a 24 anos

Jovens – pessoas de 10 a 25 anos.

Nas sociedades de organização económica e familiar arcaica, a passagem da infância à idade adulta faz-se rapidamente, sem uma adolescência no sentido sociológico do termo. A passagem faz-se através de rituais e, por conseguinte, ou se é criança ou se é adulto. Em pleno séc. XX, antes da revolução dos anos 60 e dos Guardas Vermelhos, a língua chinesa não possuía nenhuma expressão que traduzisse a ideia de adolescência. E em muitos países as crianças, por volta dos 13-14 anos, ainda transitam directamente para a vida adulta e consumam casamentos planeados pelas respectivas famílias (Papalia et al., 2001, p. 10).

Os rituais de passagem existem em muitas sociedades e podem constar de cerimónias religiosas, afastamento da família, testes de força e resistência, formas de marcar o corpo ou actos de magia. Porém, esses rituais e provas, mais que a demonstração de que se é adulto, só podem ser aceites e executadas no período da adolescência, idade em que a força, a agilidade, o gosto pelo risco e uma natural desvalorização dos perigos estão no seu auge (Cordeiro,1997, p. 20-23). Não é por serem adultos, mas por serem adolescentes, física e psicologicamente, que os jovens de 18, 17 ou menos anos são chamados a cumprir serviço militar ou enviados para as frentes de batalha.

Entre os judeus, a assunção de responsabilidades por parte dos rapazes e raparigas de 13 anos de idade faz-se através de cerimónias religiosas. De forma menos assumida ou já só vestigial, os católicos celebram o fim da infância e a passagem à idade adulta na cerimónia da *Comunhão Solene* [2] – habitualmente entre os 12 e os 14 anos. Em certas tribos celebra-se o aparecimento da primeira menstruação. Nas Forças Armadas e nas Universidades é costume submeter os novos recrutas ou caloiros a uma *praxe*, que, num caso e no outro, mais não são do que vestígios já mal reconhecidos desses rituais.

---

[2] Também chamada *Profissão de Fé.*

Nas modernas sociedades industriais o atingir da posição social e das responsabilidades próprias dos adultos é adiado por períodos de tempo muito extensos (a *moratória psico-social*). Este facto levaria Kurt Lewin a descrever os adolescentes como *seres marginais*, isto é, que nem pertencem ao grupo social das crianças nem ao dos adultos, sendo confrontados, por isso, com expectativas ambíguas e com direitos e privilégios pouco claros (Sprinthall e Collins, op. cit., p. 23).

"A sociedade é muito paradoxal em relação aos adolescentes. Se, por um lado, está sempre a dizer *torna-te independente, tens de ser responsável,* por outro lado prolonga a escolaridade e faz com que os adolescentes fiquem muito tempo dependentes dos pais" (Sampaio, 2000, p.85).

Habitualmente, considera-se que a adolescência tem início na *puberdade,* por volta dos 11-12 anos, ou seja, quando o jovem adquire maturação sexual, se torna fértil e capaz de se reproduzir. Já o fim do período da adolescência é muito mais difuso, habitualmente marcado pela assunção da plena responsabilidade social, ou seja, quando o jovem, já auto-suficiente, estabelece uma relação significativa, escolhe uma carreira e organiza uma família. A maturidade cognitiva coincide, mais ou menos, com a capacidade para o pensamento abstrato, enquanto que a maturidade emocional pode depender da descoberta da própria identidade, da independência em relação aos pais, do desenvolvimento de um sistema de valores e do estabelecimento de relações. Assim, algumas pessoas podem manter-se na adolescência por toda a vida (Papalia et al., op. cit., p.508).

Nos países industrializados, verificou-se, no último século, uma tendência para a diminuição progressiva da idade de início da puberdade, da adultície e da maturação sexual (ibidem, p.512).

A maturação mais precoce ou mais tardia parece ter efeitos diferentes nos rapazes e nas raparigas. Assim, os rapazes com maturação precoce parecem mais equilibrados, mais calmos, menos impulsivos, mais bem dispostos, mais populares e mais líderes do que os rapazes com maturação mais tardia. Ao contrário, as raparigas com maturação precoce tendem a ser menos sociáveis, menos expressivas e menos equilibradas, mais introvertidas e tímidas e menos seguras face à menarca (ibidem, p.516-517).

John P. Hill, que organizou toda a informação referente ao período da adolescência, encara-a como um conjunto de *mudanças primárias* que operam através de determinados *contextos sociais,* de forma a produzir importantes *mudanças secundárias* no indivíduo em desenvolvimento.

As *mudanças primárias* incluem as alterações na *definição social,* ou expectativas que os outros formam em relação aos adolescentes, em resultado das transformações fisiológicas da puberdade: *transformações físicas,* como as alterações da estatura e da morfologia do corpo, que determinam alguns problemas com a auto-imagem, e *transformações cognitivas,* com o desabrochar da capacidade para lidar com processos de raciocínio cada vez mais complexos e globais. Estas mudanças ocorrem em contextos importantes, como a família, o grupo de colegas e o meio escolar. Por fim, a interacção das mudanças primárias com os diferentes contextos determina um conjunto de *mudanças secundárias,* as quais causam ou podem causar muitos problemas psicológicos aos adolescentes (Sprinthall e Collins, op. cit., p. 33 e 34).

São *mudanças secundárias* particularmente significativas a *transformação das relações familiares,* o *aumento da autonomia individual,* um forte *sentido de identidade,* uma *alteração nas perspectivas de realização* (novos objectivos para o futuro, ideias inovadoras sobre a forma de os atingir) e uma *transformação no modo de encarar a intimidade e a sexualidade* em termos pessoais e sociais.

1.3. Perspectivas maturacionistas

Uma das questões que Hall deixou em aberto foi a de saber se as características próprias da adolescência, enquanto estádio do desenvolvimento, são algo de intrínseco e característico do ser humano. Hall perfilhava a *perspectiva maturacionista,* de que tudo o que emerge no decurso do desenvolvimento está contido no próprio organismo, em resultado da natureza humana e do carácter evolutivo das espécies. O desenvolvimento faz-se através de padrões psicológicos e comportamentais num quadro temporal biologicamente determinado. Outra perspectiva maturacionista é a de Sigmund Freud (1856-1939), que também considerava a adolescência um período difícil e turbulento. O processo de socialização na infância e na adolescência consistiria em orientar e canalizar as pulsões instintivas para formas comportamentais socialmente aceitáveis, o que, na época de Freud, significava permitir que as crianças se tornassem adultos capazes de estabelecer relações heterossexuais estáveis, necessárias à perpetuação da sociedade e da cultura (ibidem, pp. 16 e 17).

Para Freud, o desenvolvimento consistiria na superação de uma série de *estádios psico-sexuais.* Durante a primeira infância, a maior parte das necessidades da criança satisfaz-se através da sucção-alimentação, sendo esse período designado como *estádio oral* do desenvolvimento psico-sexual. Assim que a criança começa a andar, o seu interesse volta-se para o controle dos esfíncteres e a aprendizagem do controle de impulsos inaceitáveis, sendo esse período designado por *estádio anal.* Entre os 3 e os 6 anos a criança aprende a lidar com os sentimentos de natureza sexual e fortalece a identidade de género. A maturação heterossexual fica preparada por volta dos 6 anos. A partir dos 6 anos e até à puberdade, a criança tem um *período de latência* relativamente calmo. Comparada com os estádios psico-sexuais até aos seis anos e com a adolescência, a fase de latência é uma ilha de tranquilidade no meio de furiosas tempestades (ibidem, p. 18).

Freud e Hall, tinham uma visão tumultuosa da adolescência, consideravam-na uma fase de agitação e tensão, o que era mais um fruto da época em que viveram do que uma característica própria da adolescência.

Margareth Mead demonstraria que noutros contextos sócio-culturais a adolescência pode constituir uma agradável fase da vida. Ruth Benedict, por seu turno, recolhendo informações num grande número de sociedades, concluiria que a principal dificuldade experimentada pelos adolescentes residia no grau de *descontinuidade* do processo de socialização, maior nas sociedades ocidentais pós-industrialização e menor nas socie-dades ditas *primitivas.* Ou seja, a agitação e a tensão manifestadas pelos adolescentes dependem, em grande medida, das exigências e expectativas da cultura em que estão inseridos (ibidem, p. 21).

Isto significa que a transição do estado de dependência para a independência e da passividade para a actividade sexual depende, pelo menos em parte, de uma aprendi-zagem social. Um dos principais expoentes da *teoria da aprendizagem social* foi Albert

Bandura, para quem a adolescência não tem que ser, necessariamente, um período de agitação e de tensão. Quaisquer que sejam as dificuldades do adolescente, devemos encará-las como o resultado de experiências ambientais e não como uma característica inevitável de um período do desenvolvimento humano.

Jean Piaget pensava que o desenvolvimento segue um padrão lógico, comum a todos os indivíduos, através de uma série de *estádios* de desenvolvimento intelectual, caracterizados por diferentes capacidades de pensar e raciocinar e resultantes de estruturas psicológicas qualitativamente diferentes. No decorrer do desenvolvimento, estas estruturas tornam-se mais elaboradas e aplicam-se de um modo cada vez mais vasto. Segundo a teoria de Piaget, a mudança de um estádio para o estádio seguinte, incluindo a transição do *período das operações concretas* (das crianças em idade escolar) para o *período das operações formais* (próprio dos adolescentes) comporta transformações nas estruturas psicológicas subjacentes ao pensamento e ao raciocínio em cada um dos sucessivos estádios.

Sempre que nos confrontamos com um problema intelectual, com qualquer coisa ou situação que seja necessário compreender, procuramos abordar essa questão de acordo com as estruturas mentais de que dispomos no momento. É a chamada *assimilação,* que consiste em fazermos com que as características de uma situação se conformem com os nossos padrões de acção. Ao mesmo tempo, tentamos adaptar esses nossos padrões aos aspectos menos familiares das experiências novas: a chamada *acomodação.* A assimilação e a acomodação funcionam em conjunto, e em equilíbrio, no acto de pensar e no raciocínio (ibidem, p. 103 e 104). No entanto, o confronto com experiências mais complexas que o habitual pode perturbar o equilíbrio entre os processos de assimilação e de acomodação. Piaget concebe, então, a *equilibração* como um processo que repõe o equilíbrio entre a assimilação e a acomodação, através de uma estrutura nova e mais complexa.

O desenvolvimento mental não parece deter-se no estádio de operações formais de Piaget. Arlin sugeriu a existência de um estádio suplementar a que chamou de *descoberta de problemas,* caracterizado pela capacidade de desenvolver novas soluções, imaginar programas baseados em perspectivas mais amplas e formular questões inovadoras. Esse estádio seria uma ampliação e não uma rejeição da teoria de Piaget.

A passagem do pensamento de *operações concretas* ao pensamento de *operações formais* faz-se por meio de uma transição gradual. Durante longos períodos o jovem pode apresentar sinais de um pensamento muito desenvolvido e, ao mesmo tempo, apresentar manifestações de pensamento relativamente imaturo. Por isso, quando se diz que alguém se encontra no período das operações formais quer-se dizer que *na maior parte das vezes* tem um nível de desempenho intelectual que reflecte as qualidades abstractas, complexas e flexíveis das operações formais. Por outro lado, o jovem pode apresentar maior maturidade numas áreas de funcionamento e menor noutras. Alguns adolescentes podem ser muito competentes em termos sociais, podem ser capazes de pensar de modo muito complexo sobre a natureza das relações e interacções inter-pessoais e, no entanto, revelarem uma capacidade cognitiva menos desenvolvida em termos académicos. E o contrário também pode suceder.

Tudo isto tem implicações importantes no desempenho dos adolescentes em matérias escolares convencionais. Ao passarem a utilizar estratégias lógicas, racionais e abstractas, provam que já compreendem os significados simbólicos, as metáforas e as analogias. No entanto, no adolescente, quanto mais *activo* for o processo simbólico, maior é o desenvolvimento cognitivo. Assim, é mais importante escrever poemas do que lê-los, fazer filmes do que vê-los, representar uma peça do que assistir a ela (ibidem, p. 113).

1.4. Perspectivas desenvolvimentistas

Nos meados dos anos 80, e com base em pressupostos diferentes das ideias de Piaget, foi proposta uma nova abordagem às transformações cognitivas que ocorrem da infância para a adolescência. Esta nova teoria – a Teoria do Processamento da Informação – concebe a mente humana como um sistema complexo que recebe, armazena e utiliza a informação como se fosse um computador. Mas à medida que as crianças vão evoluindo para adolescentes a capacidade do sistema de processamento da informação parece aumentar.

A dificuldade desta abordagem é saber como é que a capacidade de processamento da informação aumenta com a idade, ou seja, como provar que o nosso *equipamento mental* se expande à medida que crescemos. Mas os adolescentes funcionam *como se* tivessem uma capacidade mental superior à das crianças. Para o aparecimento desta capacidade acrescida parecem contribuir o aumento do conhecimento, a capacidade de pensar de um modo organizado e planeado e a capacidade de desempenhar várias funções mentais ao mesmo tempo. Este modelo pressupõe que, tal como na programação de um computador, exista um plano de resolução de problemas, ou *processos de controle.*

Nos processos de controle mais sofisticados que os adolescentes apresentam está implicada a capacidade de conhecer a própria mente e a forma como ela funciona, isto é, o chamado *conhecimento metacognitivo.* O conhecimento metacognitivo torna os adolescentes capazes de *pensar acerca do pensamento* e de *saber (reconhecer) aquilo que não sabem,* o que constitui uma importante capacidade para o processo de regulação das actividades cognitivas. Outra capacidade envolvida nos processos de controle está relacionada com as estratégias ou *procedimentos executivos.* Quando se aprende determinada matéria ou se quer resolver um problema, é necessário saber como proceder mentalmente e como seguir os passos adequados. Pode ser necessário dividir o problema em partes e, no fim, ter um plano para voltar a encaixar os elementos em presença. Outras vezes, pode recorrer-se a mnemónicas, papel, lápis ou outros auxiliares para reter ou recuperar a informação.

Há estudos que evidenciam que a capacidade de associar o conhecimento metacognitivo com as estratégias ou procedimentos executivos aumenta à medida que se vai fazendo a transição da infância para a adolescência (ibidem, p. 117-121).

1.5. O raciocínio social

Os adolescentes tendem a compreender cada vez com mais clareza que o real é apenas uma possibilidade de entre muitas. As crianças mais novas concentram a sua atenção naquilo que é, em vez daquilo que deveria ser. Desconhecem que há mais possibilidades para além do real e, assim, aceitam com relativa facilidade a realidade que vivem, mesmo que seja má ou difícil. Os adolescentes sabem que a realidade pode ser diferente do que é, daí a sua rebeldia e tendência à contestação, pondo frequentemente em causa os pressupostos axiológicos e culturais dos adultos.

Além disso, ao contrário das crianças, os adolescentes são capazes de desenvolver conceitos complexos e abstratos sobre si mesmos e os outros. As crianças centram-se nas características externas observáveis, enquanto os adolescentes têm mais probabilidade de falar dos traços de carácter dos outros, muitas vezes inferindo de um certo número de aspectos do comportamento observável. Porém, esta inferência pode ser a responsável pela criação dos *ídolos* da juventude, uma vez que são apresentados aos adolescentes com traços de carácter muito vincados e contrastantes. Estes *ídolos* possuem, por isso, uma enorme capacidade de gerar emulação e criar novos comportamentos e novos referentes.

Em relação às crianças mais novas, os adolescentes fazem auto-descrições mais objectivas, semelhantes às que fazem das outras pessoas. Pode ser mais difícil ser objectivo na descrição de si mesmo do que das outras pessoas, mas o facto é que as auto-descrições feitas pelos adolescentes traduzem uma maior reflexão sobre si mesmos. Eles têm consciência de que há outras perspectivas para além da deles.

A capacidade de levar em conta os pensamentos e as perspectivas dos outros, em circunstâncias sociais, tem sido considerada o elemento central do desenvolvimento cognitivo do adolescente: ela distingue os adolescentes das crianças mais novas, em termos de raciocínio social. Segundo Piaget, a forma como as crianças compreendem os seus diversos mundos sociais reflecte capacidades cognitivas semelhantes às que utilizam para compreender o comportamento dos objectos físicos. Na infância, muitos dos problemas ligados à cognição social derivam de as crianças se concentrarem apenas nas suas próprias experiências e percepções e de não serem capazes de reconhecer que as vivências das outras pessoas são independentes das suas – aquilo a que Piaget chamou *egocentrismo*. Ora, para o desenvolvimento das capacidades de raciocínio social é necessário deslocar-se da perspectiva própria e saber coordená-la com os pontos de vista dos outros (ibidem, p. 154-156).

1.6. O egocentrismo do adolescente

A partir do modelo de desenvolvimento de Piaget, Elkind conclui que os adolescentes não saltam directamente de um estádio para outro. Quando ingressam no novo estádio, eles colocam-se muitas vezes numa posição de *egocentrismo*, o que pode ter como consequência um comportamento aparentemente mais imaturo do que o habitual.

Esta fase de egocentrismo e de visão ptolomaica do mundo, durante a qual o adolescente pensa que é o centro do seu mundo interpessoal, atinge o ponto mais alto no terceiro ciclo do ensino básico, embora possa persistir por mais tempo. Este egocentrismo pode interferir na capacidade de apreender que o parceiro sexual tem a sua própria realidade e que a sexualidade se move num contexto ético e cívico, próprio de todas as realidades interpessoais.

Cada adolescente sente-se único e especial. A associação da narrativa pessoal com o público imaginário leva o adolescente a concluir que ninguém o compreende. A diferença entre aquilo que o adolescente pensa ser agradável ou divertido e aquilo que os outros realmente gostam ou admiram pode levar o adolescente a atitudes extravagantes e excessivas.

Elkind defende que nós jamais conseguimos superar completamente a narrativa pessoal nem o público imaginário, embora ambos, na maior parte dos adolescentes, se modifiquem gradualmente e se ajustem no sentido de se submeterem à realidade – o que faz parte do processo que conduz a uma consciência realista do eu e à construção da identidade (ibidem, p. 170-178). A narrativa pessoal e o público imaginário estão subjacentes à actividade dos criadores literários, que lidam com esses processos de uma forma integrada e realizadora, fazendo com que a narrativa seja apreciada por um público real.

O desenvolvimento das capacidades sócio-cognitivas é muito evidente nos conceitos político-sociais. Antes dos 13-15 anos de idade, esses conceitos têm tendência a ser concretos, absolutistas e autoritários. Por exemplo, os pré-adolescentes falam das leis segundo os efeitos que elas têm em pessoas específicas, ao passo que os adolescentes realçam os seus efeitos sobre grupos mais vastos ou até em toda a sociedade (exº, as vacinas não servem apenas para proteger as crianças de certas doenças, servem para proteger a saúde pública). Emerge a ideia de sociedade, com as suas instituições, normas e princípios.

Os pré-adolescentes em geral não têm a noção de que as leis e as instituições podem ser alteradas; têm tendência a pensar que se trata de algo rígido e imutável, que uma vez estabelecido não pode ser mais alterado. Os seus conceitos políticos são, muitas vezes, contrários aos pressupostos teóricos do relativismo democrático. Os adolescentes, por seu turno, reconhecem a possibilidade, e mesmo a necessidade, de alterar certas leis, sendo facilmente atraídos por grupos activistas de diversa índole. Encontramo-los nos grupos separatistas, ecologistas, políticos radicais, revolucionários, fundamentalistas religiosos, etc.

1.7. O desenvolvimento da identidade

Erikson considerou como tarefa principal da adolescência a resolução da *crise de identidade pessoal*, já que a adolescência constitui uma importante descontinuidade no processo de desenvolvimento. O conceito que temos do *eu*, ou seja, a forma como nos vemos a nós mesmos e o modo como somos vistos pelos outros, constitui a base ou alicerce da nossa personalidade adulta. Se esse alicerce for forte e firme, a identidade pessoal será sólida, caso contrário resultará numa *personalidade difusa*. Partindo dos estadios propostos por Erikson, Chisholm estudou as diferenças de desenvolvimento que se encontram entre os alunos do terceiro ciclo, tendo concluído que o processo de formação da identidade ocorre a ritmos diferentes, à medida que o jovem resolve os seus problemas psicossociais; e que numa variedade de domínios psicossociais os estudantes que se encontram no lado positivo da dimensão bipolar *formação / difusão da personalidade* apresentam uma maturidade superior noutras áreas da compreensão social.

James Marcia identificou duas fases intermédias entre os dois extremos do continuum bipolar *identidade / difusão da identidade*, ficando este continuum assim escalonado:

difusão da identidade – o tom predominante desta fase é um estado de descomprometimento com a vida. O acento tónico está na relatividade das coisas e na vivência de cada momento. Parece não existir um eu. A vida parece errante, sem direcção;

insolvência identitária – o jovem evita fazer escolhas autónomas; mais orientado pelos outros do que por si próprio, aceita o papel que as figuras de autoridade e os amigos influentes lhe impõem. Há pouca dissonância cognitiva. O jovem concorda com quase tudo, evita fazer qualquer tipo de esforço para se afirmar. Parece haver um certo receio de assumir as responsabilidades da liberdade pessoal;

moratória da identidade – não é apenas uma espera mais ou menos prolongada, até que surja a oportunidade: há uma procura real de alternativas. O jovem sente necessidade de se pôr à prova numa grande variedade de experiências, para obter um conhecimento cada vez mais pormenorizado de si mesmo;

realização da identidade – gradualmente, o jovem vai incorporando cada uma das identificações da infância, conseguindo ir para além desses aspectos precedentes. Forma-se, então, uma nova entidade própria, com uma idiossincrasia única. Este processo é socialmente recíproco, pois que o aparecimento desta individualidade e auto-orientação, isto é, *o núcleo da personalidade*, é um facto reconhecido pelos outros (ibidem, p. 210-217).

O problema da identidade nos adolescentes é uma questão mais relacionada com a educação psicossocial do que com o tratamento de distúrbios emocionais. Os profissionais não devem tentar apressar o desenvolvimento, com o objectivo de atingir um estado final desejável, antes devem respeitar os ritmos internos do desenvolvimento individual. Até porque "cada jovem é característico por si mesmo e evolui para criar uma identidade, carácter e personalidade próprios" (Frade et al., 2001, p. 30 e 31).

1.8. O despertar sexual dos adolescentes

A dificuldade em compreender a sexualidade do adolescente, tal como a própria adolescência, reside em saber até que ponto ela é determinada pelas transformações biológicas da puberdade ou é o reflexo das expectativas sociais e culturais ou de padrões de comportamento aprendidos.

Sendo o sexo uma actividade socialmente prescrita, inevitável será que diferentes contextos e atitudes culturais determinem diferentes padrões de comportamento e de estados psicológicos associados à sexualidade. Tal como a própria adolescência, a sexualidade começa com a biologia e constrói-se com a cultura. Veremos adiante como na sociedade ocidental a sexualidade se transformou com as mudanças culturais ocorridas na década de 60 do século passado.

Na nossa cultura, o início da expressão sexual masculina manifesta-se por masturbações solitárias, e só depois se exprime através de relações interpessoais. Na sua maioria, quando iniciam as suas actividades heterossexuais, os rapazes não se envolvem social e emocionalmente e mantêm, posteriormente, poucos ou nenhuns contactos com a pessoa com quem tiveram a primeira relação sexual. A expressão sexual feminina tende a ser diferente. As raparigas têm mais probabilidade de experienciar a primeira relação sexual no contexto de um relacionamento emocional, e a masturbação, menos frequente nelas, costuma acompanhar, e não anteceder, as experiências heterossexuais. Tendem também a manter um maior número de contactos sexuais com a pessoa com quem tiveram a primeira experiência. Ou seja, as raparigas, em comparação com os rapazes, são mais propensas a vivenciar a sexualidade como uma experiência interpessoal em que existe um certo comprometimento emocional.

No princípio da adolescência, o contexto social tende a ser constituído por grupos pequenos e fechados, só de rapazes ou só de raparigas. A pouco e pouco, estes grupos começam a interagir entre si, passando a formar grupos heterossexuais mais amplos. Nestes grupos, os líderes começam a interagir como casais, formando um grupo heterossexual pequeno e restrito. Estes jovens formam um subgrupo dentro do grupo maior, adquirem um estatuto hierárquico superior e desempenham o papel de modelos para os membros de estatuto hierárquico mais baixo, que ainda não tiveram relações sexuais. Por fim, nos últimos anos da adolescência, o grupo passa a constituir um conjunto desagregado de casais.

Desse modo, o grupo de colegas constitui um meio de transição para a sexualidade, que torna possível o estabelecimento de relações maduras na vida adulta (Sprinthall e Collins, op. cit., p. 419-423). As relações entre colegas, ou pares, especialmente entre amigos do mesmo sexo, são essenciais para o desenvolvimento de relacionamentos heterossexuais saudáveis.

A adolescência é um período do desenvolvimento no qual se devem combinar duas necessidades poderosas: a intimidade e o desejo sexual. Ao dominarem a solidão estabelecendo amizades muito chegadas com colegas do mesmo sexo (*estádio do amigo íntimo*), os jovens criam um estilo de intimidade que passa a fazer parte das suas características psicológicas. Na pré-adolescência os jovens desenvolvem-se psicologicamente partilhando ideias e sentimentos com alguém com quem têm uma especial afinidade, ultrapassando com mais facilidade o seu egocentrismo.

Com o advento da puberdade e o irromper do desejo sexual, a necessidade de intimidade torna-se mais complexa. A tarefa primordial do adolescente consiste na integração dessas duas necessidades, a intimidade e o desejo sexual, de forma a experienciar o prazer da sexualidade no seio de um relacionamento interpessoal íntimo e saudável (ibidem, p. 424).

1.9. Escola, saúde e adolescência

Como atrás se disse, a democratização do ensino e a escolaridade obrigatória estão entre os primeiros factores da enorme transformação dos hábitos sexuais da sociedade ocidental na segunda metade do século XX. Hoje, grande parte da infância, adolescência e juventude é passada em meio escolar. O despertar sexual, a partilha de preocupações e experiências, a descoberta de novas sensações e, frequentemente, a própria iniciação sexual ocorrem no contexto de relações de escola. Assim, se a escolaridade obrigatória é o período da vida em que são alicerçados, de forma decisiva, os conhecimentos, atitudes e comportamentos que influenciam a saúde e a qualidade de vida nos anos futuros, é também o *lugar onde* de um sem-número de experiências e práticas de vida que põem à prova esses mesmos conhecimentos, atitudes e comportamentos.

Outra parte significativa do tempo dos adolescentes e jovens é passada em ambientes de lazer, nos quais podem ocorrer acidentes de vária natureza, o consumo de substâncias prejudiciais para a saúde e toda uma gama de comportamentos de risco [3].

Os estudantes universitários provêm do ensino secundário, onde o papel da Escola se torna decisivo para a criação de ideias correctas e precisas sobre a sexualidade e sua integração no processo geral de crescimento físico, psíquico, intelectual, emocional, afectivo, social e cívico. Muitas das ideias imprecisas e *mitos* com que os estudantes chegam ao ensino superior foram criados, alimentados e mantidos na escolaridade secundária. Daí a atenção que deve merecer o trabalho de educação sexual, de educação afectiva, de educação cívica e de educação para a saúde. E a necessidade de uma colaboração estreita, mas inteligente, entre a escola e os centros de saúde.

Por isso, assumem uma particular importância nesta fase da vida as questões relativas à protecção e promoção da saúde, que requerem a intervenção coordenada dos serviços de saúde, das instituições educativas, dos legisladores e de outras autoridades, num sinergismo responsável e formativo.

A OMS, através da Carta de Ottawa, de 1986, define o conceito de *promoção da saúde* [4] e responsabiliza os cidadãos pela promoção de atitudes e comportamentos saudáveis. Daí nasce o conceito de *educação para a saúde*, que tem como alvos privilegiados as crianças, adolescentes e jovens, com o propósito de favorecer e implementar essas atitudes e comportamentos, como parte da educação cívica em geral.

Segundo o Director-Geral da Saúde (DGS-ACS, 2002), "nos últimos anos, apesar da melhoria verificada nos indicadores de saúde infantil e juvenil, têm emergido novos problemas de saúde, quase sempre multifactoriais, cujas principais determinantes exigem uma abordagem multidisciplinar. (…). É na infância e na adolescência que se adquirem e se consolidam estilos de vida saudáveis, cuja manutenção ao longo da vida vai permitir ganhos em saúde e uma utilização mais racional dos serviços".

Mas, por outro lado, é conhecida a relutância dos jovens em procurar esclarecimentos, informação ou ajuda junto dos serviços de saúde ou com os profissionais de saúde. Perante esta constatação, a escola pode desempenhar um papel fundamental na aquisição de estilos de vida saudáveis e na prevenção de comportamentos nocivos, pelo que investir na *promoção da saúde* [5] junto das crianças e dos jovens a nível escolar

---

[3] Uma tentativa de *domesticar* este gosto pelo risco foi a criação e proliferação dos chamados *desportos radicais.*

[4] É o processo que visa aumentar a capacidade dos indivíduos e das comunidades para controlarem a sua saúde, no sentido de a melhorar. Para atingir o estado de completo bem-estar físico, mental e social, o indivíduo ou o grupo devem estar aptos a identificar a realizar as suas aspirações , a satisfazer as suas necessidades e a modificar o meio ou adaptar-se a ele. Assim, a saúde é entendida como um recurso para a vida e não como uma finalidade de vida (WHO, 1986b).

[5] Por *promoção da saúde* entende-se "o processo de capacitar indivíduos e comunidade a aumentar o controlo sobre os determinantes da saúde e, consequentemente, a melhorar a sua saúde. É um conceito abrangente que inclui estilos de vida saudáveis e a promoção de factores sociais, económicos, ambientais e pessoais favoráveis à saúde" (Ministério da Saúde, 1999, p. 103).

constitui hoje, para as autoridades de saúde, a estratégia previsivelmente mais eficaz para se obter *ganhos em saúde* [6], a médio e longo prazo (DGS, 2006).

Assim, as escolas deverão participar na construção de uma sociedade de pessoas mais saudáveis, informadas, solidárias, participativas e autónomas, através do desenvolvimento de uma atitude pessoal de cidadania, assente nos princípios da individualidade, da convivência com a diferença e do respeito pelo outro.

Em articulação com os centros de saúde, as escolas [7] deverão desenvolver actividades educativas nas áreas da sexualidade, da reprodução e da prevenção de infecções sexualmente transmissíveis [8]. Para além disso, cabe-lhes reforçar os factores de protecção relacionados com os estilos de vida noutras áreas de saúde.

Existe hoje uma forte tendência política no sentido de criar uma nova dinâmica curricular nas escolas, vocacionada para *ser, participar, estar* e *aceitar responsabilidades,* ou seja, para aquilo a que se chama "uma educação para a autonomia, para a participação e para a responsabilização; para a protecção face a comportamentos de risco e para a valorização de alternativas" (Ministério da Educação, 2005, p.48).

"O apoio ao desenvolvimento curricular da promoção e educação para a saúde, pelas equipas de saúde escolar, cobre áreas tão diversas como a educação alimentar, vida activa saudável, educação para a cidadania e educação sexual e afectiva, SIDA, consumos nocivos, com destaque para o consumo excessivo de álcool, tabaco, ou drogas e prevenção da violência, nos diferentes níveis de ensino" (ibidem, p. 11).

Mas esta abordagem também coloca alguns problemas: em primeiro lugar o de *medicalizar* tudo o que respeita ao desenvolvimento bio-psico-social dos jovens adolescentes, incluindo o que se chama *estilos de vida, educação para a cidadania* e *prevenção da violência* – não sendo certo que os serviços de saúde sejam os *settings* mais adequados para gerir essa problemática; em segundo lugar, porque exigem do adolescente uma capacidade de responsabilização que apenas está em desenvolvimento. Muitos dos insucessos em promover *comportamentos saudáveis* nos jovens podem dever-se a estas duas razões.

---

[6] Por *ganhos em saúde* entende-se "melhorias mensuráveis do estado de saúde de um indivíduo ou de uma população, a partir de uma situação de base, e que pode abranger desde aspectos quantitativos de duração da vida a medidas de qualidade de vida (*Ibidem*).

[7] A partir de 1980, começou a falar-se da necessidade da colaboração entre os sectores da educação e da saúde, através do conceito de "*Escola Promotora de Saúde*". A ideia teria uma experiência-piloto em 1991 e a Rede Europeia de Escolas Promotoras de Saúde (REEPS) seria formalmente inaugurada em 1992. Essa Rede foi constituída para, através do Gabinete Regional da OMS para a Europa, organizar um grupo de escolas-modelo que, em articulação com os centros de saúde, pusesse em evidência a importância da promoção da saúde em meio escolar. Em 1994, Portugal aderiu à REEPS. A 1ª Conferência da REEPS teve lugar em 1997, na Grécia, sob o tema "A Escola Promotora de Saúde: um investimento em educação, saúde e democracia". Esta reunião contou com representantes de organizações internacionais, políticos, educadores e parceiros activos na REEPS, com o objectivo comum de consolidar o conceito de Escola Promotora de Saúde, trocando experiências e opiniões, e de contribuir para o estabelecimento de políticas europeias claras no que respeita a escolas promotoras de saúde. Uma escola promotora de saúde é uma escola "que garante a todas as crianças e jovens que a frequentam a oportunidade de adquirirem competências pessoais e sociais que os habilitem a melhorar a gestão da sua saúde e agir sobre os factores que a influenciam" (Ministério da Saúde, 2004, p. 12).

[8] Em Portugal, a Educação Sexual em Meio Escolar encontra-se prevista na Lei nº 120/99, de 11 de Agosto e no Decreto-Lei nº 259/2000, de 17 de Outubro.

A verdade é que as instâncias tradicionais que geriam estas fases do desenvolvimento humano, como as instituições familiares alargadas e as confissões religiosas, enquanto transmissoras de normas e limites, isto é, de cultura, estão hoje numa profunda crise nos países desenvolvidos. Talvez não seja a *Saúde*, em si mesma, a instância normativa adequada para gerir esta problemática. Não pretendo que se pare de trabalhar com as crianças, os adolescentes e jovens na prevenção da gravidez inoportuna, das toxico-dependências, das infecções sexualmente transmissíveis e de toda uma série de riscos que é possível controlar. É claro que é desejável que essa intervenção prossiga, que se mantenham e alarguem as parcerias existentes e a criar. Mas é também o momento de se partir para uma séria reflexão sobre a problemática geral destas faixas etárias, da qual fazem parte a capacidade dos jovens de compreender, aceitar e pôr em prática as mensagens que lhes são transmitidas e a nossa capacidade de nos colocarmos no lugar deles. Também não sabemos se, por termos eventualmente oferecido demasiado aos nossos jovens, estamos também a exigir demasiado das suas capacidades de controle. Nem sabemos até que ponto falamos e ouvimos a mesma linguagem.

Tem havido uma polarização do debate entre informação e educação sexual, determinado pelo princípio da neutralidade pedagógica em relação à sexualidade. À pretensão de uma pedagogia ideologicamente neutra e *científica* vem-se contrapondo um modelo de educação integral, em que a par da informação e do desenvolvimento cognitivo se procure desenvolver as competências afectivas e sociais (Cf. Alferes, 2002, p. 47).

1.10. Sexualidade, adolescência e juventude

O primeiro dos factores que influenciaram a história da sexualidade na segunda metade do séc. XX foi o aparecimento da pílula contraceptiva. Criada em 1954 por Gregory Pincus e John Rock, a pílula entraria no mercado americano em 1961, alguns meses depois dos primeiros preservativos lubrificados. Sendo um fármaco que compete à mulher tomar, a pílula começou por influenciar e modificar o papel das mulheres no contexto social, laboral e sexual, criando as condições prévias para uma revolução cultural de grande envergadura. A pílula, tomada pelas mulheres, passava a ser o símbolo da libertação feminina [9], enquanto o preservativo, usado pelos homens, era a marca da dominação social masculina.

Com efeito, os primeiros movimentos consequentes em defesa da liberdade sexual na adolescência e na juventude inseriam-se nas ideias feministas de igualdade de direitos entre os sexos, nos movimentos pela liberdade sexual dos homossexuais e, acima de tudo e inicialmente, no protesto dos jovens e adolescentes americanos contra a Guerra do Vietname (1965-1975), protesto que culminou no célebre festival de Woodstock, das *flowers in the hair*, dos *hippies* e da expressão emblemática *make love not war*.

O aparecimento da pílula contraceptiva, com a consequente libertação da mulher do ónus da gravidez, favoreceu em muito essas novas práticas, na medida em que a sexualidade feminina ficava autonomizada da procriação e liberta do tabu da virgindade.

---

[9] O Movimento de Libertação da Mulher era claramente anti-preservativo e pró-pílula. Muita gente previa o fim do preservativo, com o aparecimento dos contraceptivos orais (Vidal, 1994, p. 43).

Os namorados passavam, então, a ter relações sexuais antes e independentemente do casamento, de uma forma habitual e aberta.

Não pode isolar-se deste fenómeno o prolongamento progressivo do período de adolescência e de juventude, provocado, seja pelo recrutamento dos jovens para a Guerra [10], seja pelo adiamento sucessivo da autonomia pessoal e económica ditado pelo alongamento da escolaridade obrigatória e pelo acesso cada vez mais fácil às universidades.

Àquele período romântico e ingénuo, durante o qual esteve também em voga um idealismo político, traduzido no culto do mítico Comandante Che Guevara e no universalismo fraterno, pré-globalizante e arreligioso da canção *Imagine* de John Lennon, viria juntar-se, mais tarde, uma época de economia e práticas neo-liberais e de um hedonismo selvagem, traduzido na busca frenética de tudo o que ofereça prazer, ainda que prejudicial: é o período da oferta maciça de drogas psico-activas, como o LSD, as anfetaminas, a heroína, a cocaína e, finalmente, as actuais drogas de síntese, como o *ecstasy* e o GHB[11], ou *droga do esquecimento*.

"Esta explosão sexual que incluía o amor livre e as práticas homossexuais contribuíram não só para aumentar o número de parceiros sexuais, como conduziram a uma atitude de realização imediata do prazer que em nosso entender viria a ter consequências muito negativas no que se relaciona com a epidemia da Sida" (Amaro e Cunha-Teles, op. cit., p. 26). As gravidezes inoportunas começaram a proliferar, tornando-se um problema típico das mulheres adolescentes e jovens. Ao mesmo tempo, as IST invadiram a população adolescente e jovem, seja por via sexual, seja através das formas e vias do consumo associado de drogas psico-activas.

A par das barreiras ideológicas, religiosas, morais, sociais e políticas caíram também as barreiras à livre circulação de pessoas e bens e multiplicaram-se os movimentos migratórios. Como disse Robert Gallo, "o enorme aumento das viagens aéreas e da promiscuidade sexual, o tremendo desenvolvimento da utilização de drogas por via intravenosa, o uso de sangue e seus derivados para fins médicos (transfusões), transitando de uma pessoa para outra e até de uma nação para outra, fizeram com que a possibilidade rara e remota de transmitir rapidamente o vírus se convertesse em habitual e global" (Cunha-Teles, 2003, p. 22). "Os melhores especialistas explicam a expansão actual da sida tanto pela mutação de um vírus tornado bruscamente muito virulento, como pelas mudanças sociais que caracterizam a segunda metade do século XX: a mistura das populações, a multiplicação dos meios de transporte rápidos, a liberalização dos costumes, especialmente as práticas homossexuais e de grupo, o uso maciço de drogas endovenosas, a generalização das transfusões sanguíneas, etc. " (Grmek, 1994, p. 247-248). "Calmamente, como um castigo, os anos que passavam aproximavam-nos inexoravelmente daquilo que seria o drama deste fim de século: a Sida!" (Vidal, 1994, p. 43). "A sida expandiu-se porque foram transgredidos não certos tabus sexuais, mas certas regras e modos de vida que até então haviam concor-

---

[10] Em Portugal este período também coincide com uma época de guerra: a Guerra Colonial (1961-1974).

[11] *Ácido gama-hidroxi-butírico*. É conhecido que, quando o consomem, cerca de 70% das pessoas são incapazes de resistir a um assédio para sexo e cerca de 1/5 não é capaz de o recordar. Por isso, tem-se recomendado que as pessoas que costumam expor-se a esse tipo de consumos e envolventes saibam ser selectivos com as companhias que levam consigo.

rido para o estabelecimento dum equilíbrio biológico relativo" (Escande, citado por Grmek, 1994, p. 266-267).

Numa análise do comportamento sexual de 59 países, Wellings et al. (2006) encontraram uma substancial diversidade quer a nível regional quer em termos de género. Não encontraram uma tendência universal para uma iniciação sexual mais precoce, mas constataram que a evolução geral no sentido de um casamento cada vez mais tardio conduziu a um aumento da actividade sexual pré-marital, mais acentuada nos países desenvolvidos e no sexo masculino.

Entretanto, Portugal passou rapidamente de um país de forte emigração para país receptor de imigrantes, provenientes sobretudo do Brasil, da África e da Europa de Leste – regiões fortemente marcadas pela presença da *sida*. Em 2004, o Coordenador da Comissão Nacional de Luta Contra a SIDA acentuava: "temos de criar estruturas que permitam controlar esses imigrantes do ponto de vista sanitário, sobretudo os ilegais, para evitar a disseminação da doença e para que não haja discriminação" (InformaçãoSIDA, 2004, pp. 16-17).

O problema da *sida* é de tal modo grave que, segundo o PNUD [12], "nas últimas décadas, o maior entrave ao desenvolvimento tem sido a SIDA (...); o seu efeito é devastador na esperança de vida nos países afectados; mas a SIDA destrói mais do que vidas. Ao matar e incapacitar adultos na sua juventude, pode fazer descarrilar o desenvolvimento". "Alguns países vão chegar a 2010 com uma esperança de vida inferior a 30 anos – desde a Idade Média que não havia no mundo países com esperança de vida inferior a 30 anos" (*Público*, 2003, p.26). Estamos perante uma catástrofe iminente a nível mundial, catástrofe que irá atingir precisamente a adolescência e a juventude.

É verdade que não existe uma *adolescência*, mas sim *adolescências*, uma vez que o processo de crescimento e de formação da personalidade é um trabalho ou um destino individual. E é também verdade que, felizmente, a maioria das adolescências corre bem, *malgré tout*. Mas é bastante difícil aceitar-se que a adolescência seja "basicamente festa, descoberta, invenção" (Cf. Sampaio, 2000, p.84). A *descoberta* e a *invenção* não podem ser entregues ao acaso nem à massificação: a adolescência é um *processo* que necessita de ser conduzido e orientado. É difícil ser-se adolescente, porque se está constantemente *à prova*, mas é através da superação dessas provas que se chega ao ciclo de vida seguinte. Porém, a sociedade actual tem poucos mecanismos de apoio e orientação da adolescência. Predomina o hedonismo e a busca do prazer pelo prazer. Nas ideologias sociais são cada vez mais dominantes as ideias neo-liberais. Portugal não foge à regra. Ainda durante o Estado Novo, no período *marcelista*, e mais precisamente durante a chamada *Crise Académica de 1969*, em Coimbra, chegaram a Portugal os ecos de Woodstock, do Maio de 68 [13], dos Beatles, dos Festivais de Juventude e das ideias de Reich e Marcuse. "Após a revolução do 25 de Abril de 1974, a sociedade portuguesa viu-se confrontada com a contestação da autoridade tradicional e da família, sendo tudo questionado e posto em causa. Sexo e prazer tornaram-se obrigatórios, sem quaisquer restrições, e os adolescentes foram envolvidos num discurso que exaltava o *prazer já e depressa, slogan* também importado do Maio de 68 francês" (Amaro e Cunha-Teles, op. cit., p. 22). As populações mais jovens crescem nos nossos centros urbanos sem os

---

[12] Programa das Nações Unidas para o Desenvolvimento

[13] A mais conhecida palavra de ordem de Maio de 1968: "*é proibido proibir*"

referentes éticos essenciais. "A sociedade perdeu hoje as suas referências universais. A cultura da pessoa foi substituída pela cultura do sucesso, do dinheiro, do prazer e do poder e uma cultura com estas características compromete inevitavelmente a pessoa humana. Esta sociedade materialista, permissiva e hedonista não abre a porta à solidariedade, à partilha e ao serviço, valores indispensáveis para o apoio aos que estão marginalizados e mergulham na angústia da maior solidão. Torna-se, pois, urgente educar toda a gente para uma ética personalista assente nos direitos humanos, no bem comum e nos valores universais" (Bento, 2001, p. 6).

O que se aplica à sexualidade dos adolescentes e dos jovens. Hoje a sexualidade encontra-se desprovida de uma carapaça de valores e de sentidos mais profundos, que a integrem e contextualizem no universo humano, numa fase da vida em que, precisamente, o ser humano ainda está a formá-los e a descobri-los. A Educação Sexual, só por si, não dá resposta a esta necessidade, já que não tem ido além do ensino anátomo-fisiológico e das práticas preventivas, descontextualizando a sexualidade, medicalizando-a, racionalizando-a, separando-a do restante processo de crescimento e do processo educativo global.

A utilização de uma lógica meramente racionalista para efeitos de prevenção de doenças ou de minimização de riscos sanitários é, pelo menos, pouco motivadora para a juventude, que vive em plena saúde e sob a influência de pulsões muito poderosas. Uma ponderação fria e racional dos *pro* e dos *contra*, dos riscos e benefícios de um comportamento ou de outro, não está no contexto do acontecer jovem. Em última análise, usar ou não usar preservativo numa relação sexual depende mais de factores ligados à sexualidade no seu todo, com os condicionantes psicológicos, relacionais, culturais, afectivos e situacionais que a caracterizam, do que de todas e quaisquer considerações de natureza sanitária preventiva. "O conflito entre a necessidade de preservar a saúde [14] e outras necessidades associadas ao comportamento sexual, como sejam o afecto e a intimidade, o romantismo, a afirmação do próprio, a aprovação por parte do parceiro, a preservação da relação e a recompensa imediata, entre outras, permite pensar na intervenção de factores que podem envolver outras racionalidades" (Alvarez, 2005, p. 123).

1.11. O papel dos líderes religiosos

As confissões religiosas e os seus líderes têm tido um papel de relevo na formação dos traços culturais, sociais e ético-valorativos de parte significativa dos adolescentes e jovens de todo o mundo. As suas formas de integração da sexualidade no desenvolvimento físico, psíquico e emocional dos jovens variam de acordo com as raízes históricas, étnicas e culturais que lhes deram forma. Mas tendem a estar de acordo em considerar que a *sida* se propaga num contexto de uma sexualidade anárquica e

---

[14] "A saúde como motivador principal dos comportamentos sexuais tem sido [...] questionada. Para vários autores, a maximização da saúde não tem de constituir o aspecto mais saliente e importante na vida do indivíduo [...]. Pode ser entendida como uma comodidade passível de ser negociada contra benefícios presentes ou futuros e, como tal, não constitui uma necessidade a que o indivíduo aspira *a todo o custo*" (Alvarez, op. cit., p. 123).

desprovida de outro sentido para além do mero princípio do prazer, pelo que o seu melhor combate se faria na recusa da sociedade hedonista e liberal e na formação global dos jovens na observância dos respectivos preceitos religiosos.

De um modo geral, as religiões desaprovam e desencorajam os comportamentos de risco, como seja consumir drogas, ter múltiplos parceiros sexuais ou ter parceiros sexuais ocasionais, defendendo uma sexualidade heterossexual, o sexo dentro do matrimónio e a fidelidade conjugal. Assim e em teoria, aqueles que seguirem de perto os preceitos religiosos, tenderão a ter menos comportamentos de risco e a expor-se menos às IST e à *sida*. Neste contexto, os líderes religiosos tendem a considerar despiciendo o uso do preservativo entre os seus fiéis e a condenar a propaganda do seu uso, na medida em que essa propaganda induziria a prática de uma sexualidade anárquica e sem sentido.

No mundo islâmico, tende-se a recusar a *cultura do preservativo* e a considerar a fidelidade à religião e ao casamento como a melhor forma de lutar contra a *sida*. [15]

No mundo judaico, embora as leis proíbam o uso do preservativo, prevalece um princípio superior que permite a revogação de qualquer lei para salvar uma vida humana. Assim, o facto de aquele dispositivo impedir a transmissão do VIH, e a consequente perda de vidas humanas, faz com que prevaleça o princípio da defesa da vida e a compaixão pelo outro. Mas – dizem – o uso do preservativo não é a solução, mesmo que reduza temporariamente a pandemia: a solução é a relação sexual com amor. E ser liberal, tolerante e compassivo com as pessoas não significa aceitar os excessos da sociedade actual.

Os cristãos evangélicos põem a tónica na abstinência e na fidelidade conjugal e opõem-se à distribuição de preservativos e de agulhas esterilizadas. Nos Estados Unidos, estão na origem das campanhas a favor da abstinência sexual [16] e do protelamento da idade de início das relações sexuais, como estratégia de base no combate à *sida*. A isso nos referiremos mais adiante, ao abordarmos a estratégia *ABC*, da OMS.

Os presbiterianos tendem a considerar que o uso do preservativo, para prevenir doenças sexualmente transmissíveis, é uma questão humanitária. Mas no campo da ética e da moral cristãs, insistem nos princípios do sexo na idade própria e dentro do casamento, onde os cônjuges decidem sobre o uso de contraceptivos.

No nosso país, o cristianismo é a religião dominante e de entre as suas variantes predomina a Igreja Católica, seguida das Igrejas Evangélicas.

É sabida a condenação da Igreja Católica às campanhas a favor do uso do preservativo. O motivo do *não* da Igreja Católica ao preservativo, enquanto *panaceia* contra a *sida* e as IST, insere-se na recusa mais global da permissividade sexual, das relações fora do casamento, do uso indiscriminado de anticoncepcionais, do aborto, da homossexualidade e de uma *educação sexual* que se limite à mera genitalidade, à prevenção de gravidezes inoportunas e IST e à propaganda do preservativo, e que, por isso, se torne indutora de uma sexualidade irresponsável e prematura, fonte dos comportamentos de

---

[15] Para a estruturação deste texto seguiu-se de perto os *sites* da web http://www.andi.org.br, http://www.giv.org.br, http://www.aidsportugal.com e http://www.radiovaticana.org , acedidos em 14 de Agosto de 2007.

[16] Enquanto os Republicanos investem na **abstinência**, os Democratas defendem a **abstinência+**, isto é, a abstinência e o uso do preservativo.

risco que conduzem ao VIH e à *sida*. De acordo com esta doutrina, um católico que segue os princípios da Igreja não faz sexo de risco, e um católico que faz sexo de risco não segue a doutrina da Igreja. Deste modo – afirmam – fica excluída a possibilidade de alguém se colocar em risco por orientação da Igreja Católica.

Esta posição tem merecido uma feroz oposição dos meios liberais, não decerto apenas pela condenação do preservativo como solução única para o problema da *sida*, mas pela forma religiosa, ou seja conservadora, de conceber e integrar a sexualidade numa perspectiva biográfica e axiologicamente significante [17].

Nos dias de hoje, porém, sob a pressão dos números trágicos que a *sida* atingiu em todo o mundo, assiste-se a uma mudança progressiva de perspectiva no mundo cristão em geral, tendendo-se a dar a primazia à vida, do próprio e do outro, e à compaixão pelo próximo, sem pôr em causa a forma cristã de encarar a sexualidade [18]. Largos sectores da Igreja Católica encontram-se agora despertos para uma atitude humanitária e compassiva [19] e o próprio Papa Bento XVI encarregou uma comissão de estudar a forma de conciliar o uso do preservativo com a primazia dos valores fundamentais de uma axiologia cristã.

O diálogo entre as autoridades sanitárias e os líderes religiosos não tem sido fácil, na medida em que falam linguagens diferentes e se dirigem a públicos diferentes. As religiões falam para dentro, para um público constituído pelos seus fiéis. As autoridades sanitárias falam para fora, para um auditório global e heterogéneo, isto é, para a sociedade no seu todo. E entre uns e outros insinuam-se grupos de pressão ideológica, que defendem o liberalismo na esfera dos comportamentos sexuais e do consumo, para os quais o preservativo é a única e definitiva forma de prevenção. E que têm contribuído, dia a dia, para que o debate das estratégias de combate ao VIH/*sida* seja travado num contexto mais ideológico do que propriamente científico. De facto, nem a abstinência e a fidelidade resolvem o problema da transmissão do VIH em determinados momentos e circunstâncias da vida do crente mais convicto, nem o uso do preservativo se tem mostrado exequível nas múltiplas *atmosferas* e variados *comportamentos de risco* que a sociedade liberal põe à disposição dos jovens.

É possível que as confissões religiosas estejam em perda de influência sobre os jovens e que a sua intervenção no domínio da prevenção de doenças de transmissão sexual tenha pouco impacto na juventude [20]. Mas as autoridades de saúde também

---

[17] Não nos parece que faça qualquer sentido dizer que não se usa o preservativo por causa da religião. Porque, se assim for, a pessoa coloca-se numa lógica indefensável: segue a religião para efeitos de não usar o preservativo, mas já não segue a religião para efeitos de ter relações sexuais em tais condições que se imponha a necessidade de usar preservativo.

[18] D. Januário Torgal Ferreira: "Se tu tiveres [esse relacionamento sexual], há uma coisa fundamental: tens obrigação de proteger a tua vida e a vida do outro. Esse tipo de protecção deve ser assegurado por metodologias que tentam preservar todo o perigo – portanto, o uso do preservativo, se não há outra forma. [Mas] o método mais forte e eficaz é a pessoa ter a vontade de não entrar em anarquias" (*Público*, 2004).

[19] Frei Bento Domingues: "a religião precisa de se adaptar às realidades da vida e não exigir aos seus adeptos o impossível" (http://triplov.org/espirito/frei_bento/felizes_os_oprimidos.htm,, acedido em 16 de Agosto de 2007).

[20] Frei Bento Domingues: [A hierarquia católica espanhola] "vive agora numa sociedade democrática, pluralista, que está a mudar com uma espantosa rapidez. Em quatro anos, ficou em metade a percentagem de jovens católicos praticantes (de 28 por cento para 14 por cento) e apenas cinco por cento dos jovens católicos praticantes segue a doutrina da Igreja em matéria sexual" (*ibidem*).

não parecem estar a conseguir despertar nos jovens a atenção requerida [21]. A pressão hedonista é demasiado forte, assim como a recusa dos valores baseados na tradição [22]. E, mais do que fazer apenas a apologia do uso sistemático do preservativo, as autoridades de saúde necessitam de forças da sociedade que encorajem os jovens a ter práticas sexuais menos arriscadas e anárquicas.

Daí que seja desejável uma junção de esforços e um diálogo honesto entre ambas as partes, no respeito das razões de um lado e do outro, no sentido de uma intervenção concertada e complementar nas respectivas esferas de influência. É assim que interpretamos o Professor Henrique de Barros, quando afirma: *"Os líderes religiosos assumem uma certa importância, pelo que deveriam debater o tema no seio das comunidades religiosas que lideram"* (InformaçãoSIDA, 2007b, p.31).

---

[21] "O lugar da educação pelos pares na promoção da saúde em geral, e da prevenção da SIDA em particular, tem vindo, nos anos 90, a ganhar credibilidade, à medida que as abordagens baseadas no modelo médico, centradas na informação especializada e na intervenção estruturada, a partir de cima ou do topo para a base, se têm mostrado ineficazes" (Meneses, 1998, p. 12).

[22] Desta recusa faz parte o abandono da *moral*, enquanto referente do *costume* (latim *mos, moris*) de inspiração religiosa.

CAPÍTULO 2

A EPIDEMIA DE VIH/*SIDA* NO MUNDO E EM PORTUGAL

> "Para compreender as doenças, não podemos encarar somente as causas
> próximas, temos de entrar em linha de conta com as causas evolucio-
> nárias".
>
> Massano Cardoso (2004, p. 133)

A civilização ocidental contemporânea caracteriza-se pela facilidade de viajar, migrar e interagir e por uma mudança radical dos hábitos e dos preceitos associados à sexualidade. Surgida no início dos anos 80 do século passado, a *sida* rapidamente se disseminou neste terreno fértil, transformando-se numa pandemia universal, transpondo grupos, classes sociais e faixas etárias, acabando por constituir o maior desafio sanitário do nosso tempo. Isso explica por que razão, após o advento da *sida*, o comportamento sexual, que até então era um exclusivo dos sexólogos, passou a despertar o interesse de sociólogos, antropólogos e especialistas de saúde pública (Marston e King, 2006, p. 1581).

No verão de 1981, o Centro Norte-Americano de Prevenção e Controle das Doenças relatava pela primeira vez a ocorrência inexplicável de pneumonias por *pneumocystis carinii* em cinco indivíduos do sexo masculino, em Los Angeles, e de *sarcoma de Kaposi* em 26 indivíduos do sexo masculino, em Los Angeles e Nova Iorque. Todos eles eram homossexuais e previamente saudáveis. Meses depois, a doença era reconhecida em indivíduos de ambos os sexos, consumidores de drogas injectáveis. Mais tarde, aparecia em hemofílicos e em pessoas que recebiam transfusões de sangue. Depressa se percebeu que o agente causador da nova epidemia teria que ser um micro-organismo transmissível por via sexual e pelo sangue ou derivados hemáticos (Braunwald et al., 2002, p. 1963).

Em 1983 [1], o Vírus da Imunodeficiência Humana (VIH) foi isolado de um doente com linfadenopatia, sendo demonstrado, em 1984, que ele era o agente causador da

---

[1] "Esta doença, Síndroma de Imunodeficiência Adquirida, foi conhecida em 1981 nos U.S.A. e em França. O vírus responsável pela doença (retrovírus) foi descoberto no Instituto Pasteur de Paris e os resultados foram publicados na revista *Science* de Maio de 1983; é vulgarmente apelidada como 'peste do século XX', tal o impacto que tem assumido na saúde pública. Entre os cientistas líderes de equipas de investigação que mais se destacaram nos estudos iniciais da doença refiram-se Robert Gallo e Luc Montagnier" (Pita, 2007, p. 251).

sida. A criação, em 1985, de um ensaio de imunoabsorção ligado a enzima (ELISA) permitiria fazer rastreios e estudos de seroprevalência em grupos populacionais de alto risco, revelando-se a enormidade da pandemia a nível mundial e em particular nos países em desenvolvimento (ibidem). A esta estirpe virusal, chamada VIH1, juntar-se-ia depois uma segunda, relacionada com uma proveniência africana, tendo sido designada como VIH2 [2].

2.1. VIH/*sida* no Mundo

Desde que foi identificado em 1981, o *síndrome de imunodeficiência adquirida* já matou mais de 22 milhões de pessoas, facto que, em termos absolutos, o converte numa das epidemias mais destruidoras nos anais da história. Apesar dos recentes progressos no tratamento anti-retrovírico e nas condições de prestação de cuidados em muitas regiões do mundo, em 2006 a *sida* matou 2,9 milhões de pessoas [3], das quais 380 000 [4] eram crianças com menos de 15 anos (ONUSIDA, op. cit., p. 1). Por outro lado, o número total de pessoas que vivem com o vírus VIH atingiu o seu número mais alto: calcula-se que 39,5 milhões [5] de pessoas vivem hoje em dia com o VIH e que cerca de 4,3 milhões contraíram o vírus no ano de 2006 (ibidem). Dois terços do total das pessoas com VIH e 77% das mulheres seropositivas vivem na África a sul do Sahara, (ONUSIDA, op. cit., p. 3).

O agente etiológico da *sida* é o VIH, vírus da família dos retrovírus humanos (*retroviridae*) e da subfamília dos lentivírus. Existem o VIH-1 e o VIH-2, ambos cito-páticos. O agente causal da *sida* mais frequente em todo o mundo é o VIH-1. Uma nova epidemia, em 1985, oriunda da Costa Ocidental Africana (Guiné-Bissau, Cabo Verde e Senegal) conduziria à identificação, em 1986, de um novo vírus da imuno-deficiência humana, o VIH-2, num trabalho de colaboração Luso-Francês. Depois, identificaram-se vários casos em todo o mundo, os quais ou provinham directamente de África ou se deviam a contactos sexuais com pessoas de lá (Pereira e Tavares, 1998, p.276). O facto de o VIH-2 ser oriundo daquela região explica a expansão que esta variedade de *sida* conheceu em Portugal e, em menor escala, em países como a Espanha, a França, a Holanda e o Brasil.

Filogeneticamente, o VIH-2 está mais estreitamente relacionado com o vírus da imunodeficiência símia (VIS) do que o VIH-1, embora em 1999 se tenha demons-trado que o VIH-1 se originou na espécie de chimpanzés *Pan troglodytes troglodytes*, na qual o vírus co-evoluiu durante séculos (Harrison, 2002, p. 1964). Os vírus VIH-1 e VIH-2 têm uma homologia genómica de apenas 50%, sendo muito distintos do ponto de vista antigénico. A gravidade das infecções causadas por um e por outro é também diferente, sendo o período de latência para a *sida* mais longo na infecção pelo VIH-2 (Ferreira e Sousa, 2002, p. 298). Devido à sua maior facilidade de transmissão,

---

[2] Na descoberta da estirpe VIH2 teve papel relevante Odette Ferreira, quando trabalhava na equipa de Luc Montagnier, do Instituto Pasteur de Paris.

[3] 2,5-3,5 milhões

[4] 290 000 – 500 000

[5] 34,1- 47,1 milhões

a infecção pelo VIH-1 atingiu rapidamente todos os continentes, enquanto o VIH-2 tem estado confinado aos países acima referidos e à Índia.

A interpenetração de práticas sexuais e de consumo de drogas injectáveis entre homossexuais, bissexuais, heterossexuais e toxicodependentes disseminou a transmissão para fora das fronteiras iniciais, constituindo hoje o grupo dos heterossexuais o de maior representação, em termos absolutos, nos dados estatísticos mundiais.

Terá que admitir-se que a transmissão do VIH se fez do grupo de homossexuais para os bissexuais e destes para os heterossexuais, assim como dos homossexuais, bissexuais e heterossexuais para os toxicodependentes e destes para todos os grupos. E que a explosão da transmissão entre heterossexuais se deve ao facto de o acto heterossexual ser, de longe, o mais frequente.

Vários autores se debruçaram sobre esta questão, mas podemos resumi-los em quatro citações:

- "Nas relações com parceiro bissexual o problema é ainda mais complexo, na medida em que essa pessoa não assume totalmente nem a heterossexualidade nem a homossexualidade e, dessa forma, expõe-se e expõe os/as parceiros/as a enorme riscos" (Pardal, 1997, p. 23).
- Ou, como diz Mirko Grmek (1994, p. 263), "a prostituição dos toxicodependentes e bissexuais foi em vários países uma das vias pelas quais o vírus passou dos circuitos homossexuais para a população em geral" [6].
- "Esta doença, inicialmente reduzida a grupos de risco como homossexuais, prostitutas, hemofílicos e toxicodependentes, rapidamente ganhou uma dimensão que ultrapassa as fronteiras do domínio médico e coloca, para além das questões clínicas, outras, nomeadamente do campo da ética, da sociologia, do direito biomédico, etc., enfim, levanta questões sobre o que já foi apelidada por Carreras Panchón de *limites da permissividade*" (Pita, 2007, p. 251).
- No *site* oficial da Coordenação Nacional para a Infecção VIH/sida [7], Henrique de Barros, Coordenador Nacional, afirma: "Na União Europeia, Portugal representa ainda a mais elevada taxa de incidência da infecção VIH (280:1 000 000 de habitantes, em 2004), acima do dobro das mais altas observadas nos restantes países. A dimensão relativa da incidência de casos de sida é similar e *nem sequer conhecemos o risco real entre populações caracterizadas por exposições particulares, como trabalhadores do sexo, homens que têm relações sexuais com homens ou utilizadores de drogas injectáveis. Isto impede-nos o conhecimento da dinâmica particular da infecção nestas circunstâncias e a sua relação com a crescente importância da epidemia entre a população heterossexual. O desafio, também por isso mais complexo, não permite adiamentos*" [8].

---

[6] "Embora nos toxicómanos o contágio se faça principalmente por via sanguínea, não é de excluir a contaminação sexual, esta também com propagação à população, consequência do recurso frequente destes indivíduos à prostituição como meio de obter dinheiro para a compra de droga. Por tal razão, não deve descurar-se este tipo de transmissão nos programas de prevenção, dada a influência das drogas no juízo crítico do indivíduo, determinando que em situações de risco de contágio não se utilizem os métodos preventivos adequados" (Miranda, 1997, p. 16-18).

[7] http://www.*sida*.pt , consulta em 3/2/2007.

[8] Itálico nosso.

O número total de pessoas que vivem com o VIH não pára de aumentar, em grande parte devido ao efeito das terapias antirretrovíricas na sobrevida destas pessoas [9], estando a taxa de incidência relativamente estabilizada nos Estados Unidos e Canadá, mas com o número de novos diagnósticos a aumentar na Europa Ocidental.

No período de 1998 a 2005, a taxa de novos diagnósticos de VIH na Europa Ocidental quase duplicou, ou seja, de 42 casos por milhão de habitantes em 1998 para 74 casos por milhão de habitantes em 2006 (ONUSIDA, op. cit., p. 56). Um pouco mais de um terço (35%) das infecções aconteceu no decurso de relações sexuais entre homossexuais masculinos, grupo no qual se regista uma prevalência de 10-20% (ibidem, p. 58), enquanto que mais de metade (56%) se deu no decurso do coito heterossexual. Cerca de três quartos dos casos de transmissão heterossexual teve lugar entre emigrantes e migrantes (ibidem).

Estes dados chamam-nos a atenção para a necessidade fazer chegar as medidas de prevenção, tratamento e cuidados a estas populações.

Não existe vacina contra o VIH, o que limita a nossa capacidade de prevenção à informação, esclarecimento e educação dos jovens sobre o que é uma vida sexual saudável e como evitar as IST, entre elas a *sida*.

2.2. VIH/*sida* em Portugal

O primeiro caso de *sida* em Portugal foi diagnosticado em Outubro de 1983, dois anos depois da detecção da nova doença a nível mundial.

Em Portugal morrem de *sida*, por ano, cerca de 1000 pessoas. De acordo com o Plano Nacional de Saúde (PNS) 2004-2010 (Ministério da Saúde, 2004a, p. 13), três quartos da mortalidade associada à *sida* acontecem entre os 25 e os 44 anos de idade. A mortalidade pela infecção VIH/*sida* aumentou até 1996, tendo estabilizado desde então. Estes dados contrariam a tendência de descida da mortalidade noutros países desenvolvidos, o que constitui um dado preocupante, tendo em conta que Portugal dispõe de um acesso universal e gratuito aos melhores tratamentos (CNsida, 2007, p. 11).

Em 2005, a incidência da infecção por VIH em Portugal [10] foi de 251,1 por 1 000 000 de habitantes, ou seja, 2 635 novos casos (ibidem), ocupando o nosso país o 2º lugar no contexto europeu amplo (52 países), logo a seguir à Estónia (467 casos por 1 000 000). De acordo com a ONU (UNFPA, 2005), a taxa de prevalência do VIH em Portugal, para homens dos 15 aos 49 anos era de 0,7%, sendo de 0,2% nas mulheres do mesmo intervalo etário.

---

[9] O aumento do número de portadores assintomáticos, de par com a prática de comportamentos arriscados, a inobservância de procedimentos preventivos e a falta de *compliance* para os tratamentos anti-retrovíricos, fez aumentar as probabilidades de transmissão do VIH dos seropositivos para a população restante.

[10] A Portaria nº 258/2005, de 16 de Março, integra a infecção por VIH na lista de doenças de declaração obrigatória, rodeada, porém, de uma série de cuidados de anonimato e privacidade que não são comuns às restantes doenças de declaração obrigatória. Alegadamente estará em causa a preservação e defesa de Direitos Humanos, os quais não parecem suficientemente relevantes para que se apliquem por igual às restantes doenças.

Em 31 de Dezembro de 2006 estavam notificados 30 376 casos nos diferentes estádios da infecção [11], sendo que 994 deles se referem ao segundo semestre de 2006 (CVEDT, 2007, p. iii). Portugal segue, no entanto, a tendência evolutiva geral, isto é, com um crescimento da transmissão entre heterossexuais, uma diminuição de casos associados à toxicodependência, e uma distribuição correspondente a 84,6% de todos os casos situada nas faixas etárias dos 20 aos 49 anos.

De acordo com os dados do Centro de Vigilância Epidemiológica das Doenças Transmissíveis (CVEDT, 2007), os *portadores assintomáticos* são predominantemente adultos jovens dos 15 aos 39 anos, constituindo 76,4 % de um total de 14 047 casos. Destes portadores assintomáticos, 43,7% pertencem às categorias *toxicodependentes* e 40,6 % à categoria *heterossexuais*. Os chamados *casos sintomáticos não-sida*[12] são também predominantemente adultos jovens, que, no grupo etário dos 15 aos 39 anos representam 66,7% de um total de 2804 casos. Finalmente, são ainda predominantemente jovens os doentes com *sida*, encontrando-se 67,3% na mesma faixa etária, de um total de 13 515.

Tabela 1: Distribuição dos casos de portadores jovens [13] de VIH em Portugal, por grupo etário (total acumulado 1983-2006)

Grupo etário	Casos sintomáticos *sida*	Casos sintomáticos não-*sida*	Portadores assintomáticos
10-14 anos	19	3	22
15-19 anos	156	69	548
20-24 anos	1128	313	2172
Total	1303	385	2742

Fonte: CVEDT (2006)

Analisando os anos de 1998 a 2004, verifica-se que o padrão de tendência temporal dos casos assintomáticos regista flutuações resultantes de a categoria *transmissão heterossexual* apresentar valores percentuais variáveis relativamente ao número total de casos notificados em cada ano, enquanto a categoria *toxicodependentes* confirma uma tendência proporcional decrescente (CVEDT, 2005, p. 2). De acordo com ONUSIDA (2006, p. 57), verifica-se que em Portugal os diagnósticos de VIH em consumidores de drogas endovenosas baixou em quase um terço (31%) no período de 2001 a 2005.

De todos os casos notificados, 45,5% correspondem à infecção em indivíduos consumidores de drogas endovenosas; 36,9% correspondem à infecção sexual heterossexual; 11,8% à transmissão homossexual masculina; 5,8% constituem as restantes formas de transmissão.

---

[11] "O sistema de declaração obrigatória não corresponde às necessidades nacionais e a sub-notificação é implícita e explicitamente reconhecida como a norma" (CNsida, 2007, p. 33).

[12] "Entre o estadio inicial de infecção pelo vírus da imunodeficiência humana, assintomático, e o estadio terminal, existem diversos aspectos evolutivos classificados para fins de vigilância epidemiológica, de acordo com os dados clínicos e laboratoriais" (CVEDT, 2007, p. 27).

[13] O conceito de jovem, da OMS, abrange a faixa etária dos 10 aos 24 anos.

A ONUSIDA (ibidem) refere que vários países registam um aumento da incidência de VIH em *homens que têm relações sexuais com homens* e que em 2005, comparativamente com 2001, o número de novos diagnósticos de VIH, neste grupo cresceu 75% na Holanda, 71% na Suíça, 68% em Portugal e 40% na Bélgica. Os dados do Ministério da Saúde português (CNsida, 2007, p. 12) sugerem que em cerca de 11,5% dos casos, a transmissão ocorreu entre homossexuais masculinos, com um aumento da incidência da infecção neste grupo, onde se regista uma prevalência de 10-20%. Esta tendência acompanha-se, em alguns países, de surtos de outras infecções de transmissão sexual, o que significa que os homossexuais masculinos estão a ter mais práticas sexuais de alto risco sem protecção .Na Alemanha, de 2001 para 2005 o número de novos diagnósticos de VIH mais que duplicou no grupo de homossexuais masculinos, calculando-se que o grupo em causa seja responsável por 70% dos novos casos de VIH diagnosticados em 2005 (ONUSIDA, op. cit., p. 57). E em Portugal, os dados recentes sugerem um aumento da incidência da infecção entre homossexuais masculinos (CNsida, 2007, p. 12).

Na Holanda, os casos de sífilis neste grupo mais que triplicaram entre 2000 e 2004. Portugal é o 3º Estado da União Europeia em casos de co-infecção VIH/*sida* e tuberculose, a seguir à Espanha e à França. Aliás, 15% dos casos de tuberculose em Portugal, em 2005, ocorreram na presença de infecção por VIH/*sida* (ibidem, p. 12).

Os estudos sobre comportamentos homossexuais em pessoas jovens têm sido muito escassos (Marston e King, 2006, p. 1581), o que indica a necessidade de prestar mais atenção a este tipo de comportamento sexual, sobretudo nesta faixa etária.

CAPÍTULO 3

ESTUDOS NACIONAIS E INTERNACIONAIS

3.1. Estudos portugueses sobre VIH/*sida* e uso do preservativo

O elevado número de comportamentos sexuais de risco sem a correspondente utilização de meios de protecção, designadamente na população estudantil, que reconhecidamente constitui a parcela mais informada da população, vem provocando uma crescente perplexidade nos meios sanitários e educativos. Sabendo-se que quase metade das novas infecções por VIH a nível mundial acontecem em jovens adolescentes dos 15 aos 24 anos [1], a mudança de comportamentos a nível sexual é fundamental para travar a pandemia (Marston e King, op. cit., p. 1581). Mas continua a persistir uma teimosa dificuldade em fazer passar a comunicação no que respeita à necessidade desses novos comportamentos. Diz Vasco Prazeres (*Notícias Magazine*, 12.12.04): "Quem trabalha em questões de saúde sexual e reprodutiva, há muito que conhece este fenómeno de *décalage* entre a informação que se possui e os comportamentos que se tem". Ou, segundo Taquette et al. (op. cit., p. 213), "os adolescentes em geral sabem que o preservativo evita doenças e gravidez, mas mesmo assim não o usam. Existe uma enorme lacuna entre o nível de conhecimento e o uso efetivo da *camisinha*. A juventude aponta numerosas justificativas para não usá-la: esquecimento, custos e desprazer na relação sexual".

O trabalho de Kátia Sanches, em estudantes do sexo feminino do primeiro ano dos cursos da Universidade Federal do Rio de Janeiro, indica que as estudantes "têm um bom conhecimento sobre os mecanismos de transmissão do HIV, o que não se traduz de forma direta na adoção de práticas de sexo seguro. Essas jovens têm um reduzido número de parceiros sexuais e associam diretamente o sexo ao relacionamento afetivo-amoroso. Apresentam baixa percepção de susceptibilidade pessoal ao HIV. Para elas, sexo seguro baseia-se em ter parceiro único e escolhido" (Sanches, op. cit., p. 47).

Em Portugal, um estudo promovido pela CNLCS, efectuado entre Março de 2003 e Maio de 2004 com 4 693 estudantes do Ensino Superior, revelou que 83,4% dos estudantes já tinham tido relações sexuais, mas destes apenas 46,1% tinham utilizado

---

[1] Nos EUA, ocorrem anualmente mais de 18 milhões de novos casos de IST, dos quais 8% surgem em jovens dos 15 aos 24 anos. E as taxas mais elevadas de IST ocorrem em mulheres adolescentes (Hogben et al., 2006, p. 449).

preservativo na última relação. Dos inquiridos, 18% tinham tido mais de cinco parceiros, enquanto 29,7% referiram ter tido apenas um. Mais de metade (75,7%) dos estudantes inquiridos tinham já tido aulas de informação ou sessões de esclarecimento sobre a infecção pelo VIH, e 98,7% concordam com a afirmação de que o risco de contágio é menor se for usado o preservativo (CNLCS, 2005, pp. 15 e 16).

Foi ainda observada a presença de comportamentos sexuais de risco, com envolvimento de um ou mais parceiros no último trimestre e a não utilização do preservativo, que se acentua com a idade, sendo mais evidente no sexo masculino (ibidem, p. 10).

De facto, num estudo efectuado em 2004 por Fausto Amaro, numa população dos 15 aos 69 anos, 69% dos inquiridos respondeu que nunca usava, ou usava só às vezes, o preservativo nas relações sexuais, sendo que 34,1% deles respondeu que não usava preservativo porque não via razão para o usar; 19,5% porque não o tinha consigo; 17,1% porque não gosta de o usar; e 9,8% porque não pensou nisso. No que toca à percepção da forma mais grave de transmissão do VIH, 52,4% identificaram-na com a transmissão sexual, 25,2% com a utilização de seringas por toxicodependentes, e apenas 5,7% a identificaram com a prática de relações homossexuais [2] (Amaro, 2004).

Sucede ainda que estes inquiridos tinham comportamentos sexuais de grande risco, dado terem tido múltiplos parceiros ou parceiros ocasionais. Inquiridos ainda sobre o uso de preservativo na última relação sexual, 32% respondeu que não o tinha utilizado.

Como escreve Massano Cardoso (2005, p. 135-136), "num mundo caracterizado por tanta e tão diversificada informação [...] os jovens e os menos jovens continuam a expor-se a riscos altamente publicitados, tais como o tabaco, as más dietas, comportamentos sexuais de risco, entre muitos outros". E acrescenta: "é um erro considerar informação como sinónimo de conhecimento. O problema está na transformação da informação em conhecimento". E em fazer com que esse conhecimento seja integrado nos comportamentos mais irracionais do nosso quotidiano.

É que, como observa Vasco Prazeres (op. cit.), "na fase actual do que se insiste em chamar de *combate contra a Sida*, já devíamos, há muito, estar a trabalhar de forma consequente neste fenómeno de dissonância. É por aí que temos de ir: entender melhor as representações sobre a sexualidade, as determinantes dos comportamentos e as dinâmicas que se criam e fazem com que, mesmo estando informado sobre o alcance de um determinado procedimento, ele não seja concretizado. É nestes aspectos que temos de centrar a atenção e as iniciativas pedagógicas; ajudar os homens e as mulheres, hetero, homo e bissexuais, a reformularem valores simbólicos e padrões relacionais que lhes permitam ter práticas mais protegidas".

O uso do preservativo não tem apenas como função prevenir IST, uma vez que também se aplica à contracepção. Neste capítulo, verifica-se igualmente uma fraca adesão dos jovens. Segundo o INE (2002), "a pílula foi o método contraceptivo mais utilizado (durante pelo menos três meses) pelas gerações mais jovens (15-19 anos), seguido do preservativo (54,2% e 38,8%, respectivamente). Segundo Matos et al.

---

[2] A OMS, privilegiando apenas a prática sexual, recomenda o termo *homem que tem relações sexuais com homens,* abrangendo, assim, quer os homossexuais masculinos quer os homens bissexuais. Mas quando nos referirmos à preferência sexual utilizaremos os termos *homossexual* e *bissexual.*

(2003, p.16), "em relação à utilização do preservativo, são normalmente as raparigas e os mais velhos que mais frequentemente referem a utilização do preservativo para evitar a gravidez, evitar doenças sexualmente transmissíveis e evitar o VIH/SIDA, embora nesta última opção as diferenças entre género e idade não sejam significativas".

Como se vê, várias têm sido as advertências sobre o facto de os adolescentes e os jovens saberem hoje mais sobre a transmissão do VIH, muito embora continuem a ter relações sexuais sem usar preservativo e sob consumo de álcool ou drogas (Matos et al., 2003, p. 17). Parece, contudo, ter havido alguma evolução nesta matéria: num estudo intitulado "A Saúde dos Adolescentes Portugueses", incluído no *Health Behaviour in School-Aged Children*, da OMS, realizado de 2003 a 2006 em adolescentes do 6º, 8º e 10º anos da Escolaridade, o número de adolescentes que referiu já ter tido relações sexuais é idêntico ao que havia sido encontrado em 2002, mas a percentagem dos que referem não ter usado preservativo na última relação sexual diminuiu, no mesmo período, de 29,9 para 18,9% (*Público*, 17/12/2006).

Um outro estudo, intitulado SIDAdania, realizado pela Fundação da Juventude, com o apoio da CNsida, em 11 estabelecimentos do Ensino Superior de Lisboa e Porto, envolvendo 1233 estudantes de ambos os sexos, revelou que 59,2% dos inquiridos tinha usado preservativo em todas as relações sexuais, enquanto 35,6% apenas o tinha usado às vezes e 5,2% nunca o tinha usado. Metade dos inquiridos afirmou ter tido a primeira experiência sexual aos 17 anos, o que parece apontar para um início ligeiramente mais tardio da actividade sexual. Mas, por outro lado, verificou-se um aumento da prática de relações sexuais com parceiros do mesmo sexo (de 2 para 3,8%), relativamente a estudo idêntico de 2004 [3] (*PortugalDiário*, 2007).

Importa, pois, clarificar o problema e identificar os factores que interferem na passagem do conhecimento ao comportamento, isto é, em que situações e em que contextos os jovens se colocam ou estão colocados quando têm relações sexuais, para que descurem a sua própria protecção. Ou seja, é "de todo o interesse determinar as razões que justificam a manutenção deste comportamento de risco face ao VIH/Sida" (Leão, 2005, p. 201).

Tem sido apontado como mais um factor do não uso do preservativo o facto de este estar a ser distribuído gratuitamente. Sabe-se que na Índia as campanhas de planeamento familiar tiveram mais êxito quando se substituiu a distribuição gratuita pela venda dos preservativos a custo reduzido (Lopes, 2006, p. 75). Mas, por outro lado, o preço elevado do preservativo pode ser um obstáculo de peso à sua utilização sistemática [4], mais a mais em populações jovens que dependem economicamente de mesadas ou bolsas para poderem prosseguir estudos universitários. Assim, em França, o Governo decidiu reduzir o preço dos preservativos para 20 cêntimos por unidade, tornando-o acessível mas não gratuito, de forma a generalizar o seu uso e conter o avanço da *sida*. Segundo o então Ministro da Saúde francês, Xavier Bertrand, "é preciso que os preservativos estejam disponíveis num grande número de locais, para que o seu uso seja quase um acto reflexo" (*Público Online*, 29/11/2006). Um estudo efectuado pela CNsida em Portugal confirmou que os preservativos têm

---

[3] CNLCS (2005), Relatório de Actividades 2003-2004, pp. 15-16.

[4] Como veremos, o preço do preservativo não está entre as principais razões da sua não utilização pelos estudantes da nossa amostra (ver pág. 126).

um preço elevado no nosso país. O preço médio de um preservativo é de € 0,55 nos supermercados, € 0,67 nas lojas de conveniência, € 0,78 nas farmácias e € 0,81 nas parafarmácias. Porém, nos contratos públicos de aprovisionamento (Portaria nº 1194/2006, de 6 de Novembro), o custo de cada preservativo adquirido pelo Estado é inferior a € 0,06+IVA a 5% [5].

Em 1987, Lucas procurou avaliar a eficácia de uma campanha intitulada *Folheto SIDA* e identificar o estado das atitudes e conhecimentos dos portugueses em relação à *sida*. Verificou que apenas 38% da população manifestava preocupação com a possibilidade de vir a ter *sida* e só 14,0% estava a tomar precauções para evitar a infecção. Constatou que, na altura, apenas 19% acreditavam na eficácia real do preservativo para prevenir a infecção pelo VIH, sendo esta confiança maior nos estratos sociais mais elevados. 65,0% dos inquiridos era de opinião de que o preservativo deveria ser sempre utilizado nas relações sexuais oca§sionais. Mas, na realidade, a maioria dos activos sexuais de múltiplos parceiros não tinha alterado os seus hábitos sexuais por causa da *sida* (Lucas, 1987, pp. 96-98).

Loureiro (1990) estudou os conhecimentos dos adolescentes alunos do ensino secundário, dos 13 aos 20 anos, procurando compará-los com os comportamentos reais. Verificou que, apesar de 78,17% dos adolescentes terem baixo nível de conhecimentos gerais sobre sexualidade, 90,78% deles consideravam a sua informação no mínimo suficiente nesta matéria; e que, numa lista de preferências de assuntos que gostariam de conhecer melhor, a *sida* vinha em 5º lugar, atrás de *contracepção, amor, gravidez, relações sexuais e virgindade*, respectivamente. Outros aspectos relacionados com temas do foro sexual ficavam relegados para posições ainda mais baixas: *masturbação* (6º lugar), *doenças sexualmente transmissíveis* (7º lugar), *homossexualidade* (8º lugar) e *aborto* (9º lugar) (ibidem, p. 20). Verificou, ainda, que 68,31% dos adolescentes inquiridos nunca tinham tido relações sexuais.

Lucas e Santos (1993) conduziram um estudo em 2 471 pessoas entre os 18 e os 49 anos de idade, residentes em localidades do Continente com mais de 10 000 habitantes, tendo 40% dos inquiridos uma idade compreendida entre os 18 e os 29 anos. Verificaram que os médicos são pouco citados como fonte de informação sobre *sida*, já que só 13% referiram ter ouvido falar da doença, ou ter aprendido alguma coisa sobre ela, através de um médico.

Um estudo efectuado em Lisboa, com alunos do Liceu Francês dos 15 aos 18 anos (Levy et al., 1996, p. 423-426), revelou que em 332 adolescentes inquiridos 139 já tinham tido relações sexuais; destes 139, 43,1% haviam usado o preservativo sempre que tinham tido relações com o parceiro habitual e 83,3% tinham usado o preservativo quando haviam tido relações sexuais com um parceiro ocasional. Quanto à sensibilização prévia para a necessidade do uso de preservativo, as autoras verificaram que 76,8% desses adolescentes tinham sido sensibilizados pelas campanhas de Educação para a Saúde, que em 64,1% desses jovens os pais lhes tinham recomendado o uso do preservativo e que 37% deles tinham sido alertados pelo médico assistente para a necessidade de o utilizarem. A principal razão que invocaram para não utilizarem o preservativo foi a percepção da diminuição da sensibilidade e do prazer associada ao seu uso. Os adolescentes tinham mais tendência a usar o preservativo se o seu

---

[5] http://www.sida.pt, acedido em 3/2/2007.

maior amigo também o utilizasse. Mas, por outro lado, as autoras não encontraram associação entre os conselhos dos pais e do médico assistente e o uso do preservativo pelos jovens.

Um outro estudo efectuado em 168 estudantes de Psicologia e Ciências da Educação da Universidade do Minho (Cruz et al., 1996, pp. 136-140), verificou-se que os jovens que tencionavam utilizar ou fazer utilizar o preservativo no encontro sexual seguinte tinham uma atitude muito mais favorável e positiva face ao preservativo do que aqueles que não o tencionavam fazer. Por outro lado, os jovens que tencionavam utilizar o preservativo no encontro sexual seguinte percepcionavam que várias pessoas significativas, como os pais, amigos e companheiro(a), desejavam usar ou eram favoráveis ao uso do preservativo no encontro sexual seguinte.

No mesmo ano, Vilaça e Cruz publicam um estudo efectuado em 856 estudantes do 9º, 10º e 11º anos da Escolaridade, concluindo que os inquiridos revelaram um bom conhecimento sobre a infecção VIH e a *sida* e sobre as suas formas de transmissão e prevenção, mas o seu grau de conhecimento da etiologia e desenvolvimento da doença, da epidemiologia e dos sinais e sintomas do síndrome era apenas medianamente adequado. Quanto à identificação correcta das práticas sexuais de alto risco, os inquiridos mostravam saber que a *sida* se transmite sexualmente e de que forma ela se transmite, pondo em primeiro lugar as relações sexuais sem preservativo (vaginais, orais e anais). Por outro lado, verificaram que o conceito de *grupo de risco* (prostitutas, homossexuais e toxicodependentes) parecia estar a ser substituído pelo conceito de *comportamentos de risco*, relacionado com as vias de transmissão viral.

Em Portugal, um estudo publicado em 2005 e envolvendo 826 adolescentes com idades compreendidas entre os 15 e os 18 anos (Almeida et al., 2005) revela que apenas 28% dos inquiridos considerava o uso preservativo *muito seguro*, como forma de prevenção da transmissão do VIH por via sexual, e 65% consideram-no *um tanto seguro*. Dos inquiridos, 95% acha que quem tem relações ocasionais com parceiros diferentes deveria preocupar-se em usar preservativo. Mas 70% dos adolescentes do meio urbano e 62 % do meio não-urbano não tinham conhecimento da *sida* enquanto ameaça grave (ibidem, p. 109). Foi ainda observado que *a grande maioria dos adolescentes está disposta a correr riscos*, já que 70% dos adolescentes de meio urbano e 74% do meio não-urbano referiram que tinham tido comportamentos de risco.

Frasquilho (1998) estudou a opinião de jovens adolescentes acerca de comportamentos-problema e comportamentos-saudáveis e de que forma cotavam a sua importância relativa. Encontrou dados de algum modo surpreendentes, na medida em que, por exemplo, o domínio da sexualidade "é mais conotado como problema do que como área propensa a criar saúde" (ibidem, p. 18). Assim, na categoria *comportamentos-problema*, o "sexo inseguro" é cotado em 3º lugar, atrás do "consumo de tóxicos" e dos "comportamentos dissociais", mas na categoria de *comportamentos saudáveis*, o "sexo seguro" é cotado em 6º lugar, atrás de, respectivamente, "abstinência de drogas", "comportamento pró-social", "carácter", "boa higiene e ambiente" e "boa nutrição".

3.2. Estudos dos comportamentos sexuais e de protecção sexual em universitários portugueses

No estudo de Alferes (1997), numa amostra de 587 jovens universitários de Coimbra, 34,9% dos inquiridos afirmaram ser virgens. A idade média das primeiras relações sexuais era de 17,67 anos no sexo masculino e 18,77 no sexo feminino, ou seja, em média, a primeira relação sexual dos homens precedia a das mulheres em cerca de um ano. 67,7% dos homens e 64,2% das mulheres referiam práticas de sexo oral-genital. 5,2% dos homens e 2,9% das mulheres afirmavam ter tido relações sexuais e/ou amorosas com alguém do mesmo sexo. Inquirindo sobre as últimas dez relações sexuais, verificou que 39,4% dos jovens universitários do sexo masculino referiram ter usado o preservativo, contra 26,5% das jovens do sexo feminino (Alferes, 1997, pp.126-135). O método contraceptivo preferido pelos rapazes era o preservativo (39,4%), enquanto o método preferido das raparigas era a pílula (44,9%). Os universitários do sexo masculino tinham tido mais parceiros sexuais, quer no último ano quer durante todo o ciclo de vida e tinham tido mais aventuras de uma só noite do que as suas colegas. Do ponto de vista das atitudes, os jovens universitários do sexo masculino mostraram-se mais permissivos do que as suas colegas, admitindo mais facilmente o sexo ocasional, o sexo sem compromissos e o sexo pelo sexo[6]. Por sua vez, as universitárias mostravam-se mais sensibilizadas para a educação sexual e o planeamento familiar (ibidem, pp. 139-140).

Um estudo publicado em 1997 (Cruz et al., pp. 295-304), respeitante a uma amostra de 697 estudantes universitários, revelou que 44,6% dos estudantes inquiridos nunca tinham utilizado o preservativo nas suas relações sexuais, sendo que 51,6% deles tinham relações consideradas estáveis. 16% dos estudantes inquiridos tinham tido práticas desprotegidas de sexo anal e 63,3% de sexo oral. Revelou ainda que 56,3% dos estudantes inquiridos não tinham usado preservativo na última relação sexual; destes, 64,1% consideravam ter uma relação estável com um só parceiro e 12,9% tinham estado envolvidos em relações sexuais com parceiro não habitual. Em 77,9% das últimas relações sexuais ninguém tinha pedido o uso do preservativo, muito embora ele estivesse disponível e ao alcance em 61,6% dos casos. Ainda quanto à última relação sexual, 5,2% reconheceram que ela tinha ocorrido sob o efeito do álcool e 1,5% sob o efeito de outras drogas. Este estudo procurou também examinar as atitudes face ao preservativo na relação sexual seguinte e concluiu que apenas 7% dos inquiridos consideravam excitante, e 9% agradável, a utilização do preservativo na próxima vez.

Face aos resultados encontrados, os autores sugerem que as campanhas de prevenção tomem em conta estes dados, já que "a excitação e o agradável estão na essência e constituem parte integrante das relações sexuais e amorosas" (ibidem, p. 297). Quanto às estratégias e comportamentos que os jovens universitários julgavam adequadas para se protegerem contra a contaminação por VIH/*sida*, 81,1% apontaram o uso do preservativo; 49,1% referiram a fidelidade; e 13,5% apontaram a necessidade de manter a abstinência sexual. Mas só 3,4% referiram, como comportamento a evitar,

---

[6] Porém, o estudo não permite esclarecer se essa maior "permissividade" masculina se mantém na hora de escolher e estabelecer uma relação afectivo-sexual estável.

o contacto com pessoas de um grupo de alto risco e, ainda menos, *só 0,7% indicaram como estratégia de protecção contra o VIH evitar sexo oral ou anal desprotegido* [7] .

O estudo da CNLCS, de 2004, foi realizado numa amostra nacional de 4 693 jovens universitários de ambos os sexos, sendo que 67% eram do sexo feminino e 33% do sexo masculino. Dos dados encontrados, podemos destacar: 83,4% dos elementos da amostra já haviam iniciado a actividade sexual, sendo que 5,7% tinham iniciado a actividade sexual antes dos 15 anos de idade e 21,2% entre os 15 e os 16 anos. 16,6% dos inquiridos ainda não tinham tido relações sexuais. 2% dos inquiridos admitiram ter tido relações sexuais com parceiros do mesmo sexo e 0.8% referiram ter tido relações com parceiros de ambos os sexos (não é referido no estudo se estas relações com parceiros de ambos os sexos ocorreram num mesmo momento ou em momentos diferentes). 29,7% referiram ter tido apenas um parceiro sexual, 18% referiram já ter tido mais do que 5 parceiros. Quanto ao número de parceiros nos 3 meses imediatamente anteriores, 59,1% referiram ter tido apenas um parceiro e 15,7% referiram não ter tido nenhum parceiro. 46,1% referiram ter usado o preservativo na última relação sexual e 38,8% referiram não o ter utilizado. Os comportamentos sexuais de risco eram mais evidentes no sexo masculino e tendiam a aumentar com a idade.

Relativamente aos conhecimentos sobre VIH, o estudo revelou que 97% dos inquiridos concordavam que uma pessoa aparentemente saudável podia ser portadora do vírus, 90,9% concordavam que não seriam infectados se partilhassem uma refeição com alguém portador de VIH (CNLCS, 2004, p. 15-16).

Do estudo da CNLCS fazia parte a realização de um teste serológico que revelou 15 casos positivos para a hepatite *C*, 7 casos positivos para a hepatite *B* e 3 casos positivos para a sífilis. Mas não foi encontrado nenhum caso de positividade para o VIH.

O estudo de Maria João Alvarez (2005), que reuniu uma amostra de 744 jovens universitários de Lisboa, debruçou-se sobre os guiões sexuais das relações de *engate* e de *namoro*. Encontrou os seguintes dados: 93% da amostra considerou-se heterossexual e 7% referiram ser homossexuais ou bissexuais. Apenas 12% dos jovens inquiridos tinha feito teste de despistagem de VIH. O número de inquiridos que ainda não tinha tido relações sexuais era de 38%. Nos três meses anteriores a serem inquiridos os estudantes tinham tido um número médio de um parceiro. Dos jovens do sexo masculino, 18% tinha tido mais que um parceiro nos três meses anteriores. As práticas sexuais mais frequentes em contexto de namoro e de engate foram o sexo vaginal e oral. As relações sexuais genitais eram praticadas por 73% dos indivíduos envolvidos numa relação de namoro e por 50% dos indivíduos envolvidos numa relação de engate. O sexo oral era praticado por 52% dos jovens envolvidos num namoro, mas estava pouco representado nas relações de engate. As relações anais representavam 8% das práticas sexuais dos jovens inquiridos. O uso do preservativo apenas tinha sido sistemático em 32% das relações genitais em contexto de namoro e em 42% no contexto de engate, havendo um ligeiro predomínio do seu uso nos rapazes. A maioria dos relacionamentos de namoro tinha mais de um ano de duração. Ao fim de três meses de namoro, 30% dos jovens deixavam de usar preservativo no seu relacionamento mútuo, embora a maioria deles não tivesse feito o teste de despistagem de VIH antes de tomar essa decisão. Nas relações de engate mantinha-se o predomínio das actividades sexuais genitais e orais,

---

[7] Itálico nosso

mas o uso sistemático do preservativo passava a ser referido por metade dos rapazes (Alvarez, 2005, pp. 370- 397). A autora considera que os níveis de protecção usados pelos jovens estudantes universitários são "inaceitavelmente baixos, permitindo inferir que se colocam em risco perto de dois terços dos jovens inquiridos" (ibidem, p. 459). Uma das conclusões interessantes do estudo é a de que os preservativos não são tidos como românticos, pois os parceiros que não usam preservativo são percepcionados como mais românticos. Ao contrário, aqueles que usam preservativo demonstram mais responsabilidade, mas ficam a perder na percepção como românticos.

A autora encontrou dados muito sugestivos de que o uso do preservativo no encontro sexual está associado à suspeita de doença, tanto mais que quando não se refere o preservativo no encontro sexual a expectativa de infecção é muito baixa. Neste contexto, verificou ainda que o uso do preservativo, sobretudo nas raparigas, está associado à ideia de remediar um problema já instalado e não à ideia de o prevenir.

Um facto interessante foi a constatação de que "na situação de se usar preservativo o romantismo será maior se a protecção for proposta a meio ou no final do encontro, ao invés de no seu início e, caso seja sugerida por um rapaz, o romantismo aumentará quando utilizam palavras na proposta do preservativo". Por seu turno, a presença do preservativo a meio do encontro sexual fazia aumentar a percepção de que o relacionamento era para continuar, sobretudo para as raparigas (ibidem, pp. 460-466).

No estudo SIDAdania (2006), que reuniu uma amostra de 1 233 jovens universitários de Lisboa e do Porto, encontramos os seguintes dados: 19,8% dos inquiridos responderam que eram virgens. A idade média às primeiras relações sexuais era de 16,96 anos nos rapazes e de 17,58 nas raparigas. 43,2% referiram ter relações sexuais mais do que uma vez por semana. 65,4% referiram ter relações com parceiro fixo, enquanto 12,5% referiram ter tido relações sexuais com parceiro ocasional, tendendo os rapazes a ter mais parceiros ocasionais do que as raparigas. Dos que responderam, 54,6% referiram ter tido 2-3 parceiros até ao momento de serem inquiridos, 13,2% tinham tido 10 ou mais parceiros. Relativamente à preferência sexual, 3,8% referiram manter relações sexuais apenas com parceiros do mesmo sexo. 59,2% dos que responderam referiram usar sempre o preservativo nos seus encontros sexuais, 35,6% referiram usá-lo às vezes e 5,2% referiram não o usar nunca.

Quanto ao encontro sexual imediatamente anterior, 64,3% referiram ter utilizado o preservativo, 16,4% tinham preservativo consigo mas não o utilizaram e 5,8% referiram estar sob o efeito de álcool e/ou outras drogas. Neste encontro sexual, 59,6% usaram o preservativo com o parceiro habitual e 83% usaram o preservativo quando o parceiro era ocasional (Rodrigues et al., 2006, pp. 47-48).

O mesmo estudo revelou que 52,7% dos estudantes inquiridos que responderam auto-percepcionaram que *não corriam risco nenhum*, 43,8% admitiram *algum risco* e 3,5% *muito risco*. Na auto-avaliação dos conhecimentos sobre *sida*, 78,5% referiram ter *alguns*, 15,3% *muitos* e 6,3% *poucos*; em comparação com as raparigas, os rapazes auto-percepcionavam-se como tendo mais conhecimentos.

Mas sendo certo que 63,5% dos estudantes inquiridos reconheciam a *sida* como a doença que mais os preocupava, só 23,1% já tinham feito o teste de despistagem do VIH (ibidem, p. 54).

Quanto às estratégias comportamentais de prevenção da infecção pelo VIH, 59,7% referiram *usar sempre preservativo*, 56,4% *não ter relações sexuais com pessoas desconhe-*

cidas, 55,3% não partilhar seringas, 51,9% ter relações sexuais com um só parceiro, 12% usar preservativo quando se tem relações com alguém pela primeira vez.

3.3. Estudos internacionais: determinantes do uso e não uso do preservativo

> "O Brasil vem desempenhando, há muito tempo, um papel de liderança na resposta à SIDA. A comunidade internacional continuará a aprender com o exemplo brasileiro".
>
> Peter Piot, Director Executivo da ONUSIDA

Geluda et al. (2006) levaram a cabo um estudo qualitativo em 34 adolescentes, alunos de escolas do Rio de Janeiro, sexualmente iniciados e que não faziam uso constante do preservativo, procurando saber por que razão não o usavam sempre. Com base nas respostas obtidas identificaram três dimensões: *confiança, submissão* e *iniciativa*. E concluíram: quanto à *confiança*, que persistia a valorização das relações monogâmicas como factor de protecção e, por isso, não justificando o uso do preservativo; quanto à *submissão*, o elemento masculino mostrou-se disponível para obedecer à sua parceira, se esta solicitasse o uso do preservativo. No entanto, as mulheres não costumam solicitar o preservativo. Os rapazes raramente optam por o utilizar, não querem, mas não se recusam quando solicitados, transferindo para elas a responsabilidade de pedir. Quanto à *iniciativa* do uso ou de solicitação do uso do preservativo, verificou-se que era muito fraca em ambos os sexos (ibidem, pp.1674-1677). Os autores alertam para o facto de "a falta de uso do preservativo por parte dos adolescentes poder estar vinculada ao estado em que se encontram [os adolescentes] depois de fazer uso de algumas drogas e terem relações sexuais", dado que "por trás do uso de drogas estão os sentimentos de ansiedade e timidez (ibidem, p. 1677). Estes sentimentos envolvem o acto de seduzir e a ameaça de serem rejeitados".

Dados do Projecto Gravad[8], no Brasil, mostram que mais de metade dos entrevistados do sexo masculino dos 18 aos 24 anos declararam ter usado o preservativo na última relação sexual; que o uso do preservativo pelas mulheres é bastante menor (cerca de 38%); que a decisão sobre o uso do preservativo não é compartilhada com a parceira, sendo baixa a percentagem de rapazes que afirma ter conversado com a parceira sobre protecção quando da primeira relação sexual, sendo, pois, uma decisão tomada no âmbito pessoal e masculino (Knauth, op. cit., p. 166).

Teixeira et al. (2006) estudaram a prevalência e os factores associados ao uso do preservativo na iniciação e na última relação sexual, numa amostra de 4 019 estudantes, de idades compreendidas entre os 18 e os 24 anos de idade, das cidades de Porto Alegre, Rio de Janeiro e Salvador. Verificaram que a prevalência do uso de preservativo na iniciação sexual foi de 80,7% nas raparigas e de 88,6% nos rapazes. Porém, a prevalência do uso de preservativo na última relação era já apenas de 38,8% e 56,0%

---

[8] Gravad: "*grav*idez na *ado*lescência". Ver Heilborn et al. (2002), *Aproximações Socioantropológicas sobre a Gravidez na Adolescência*, acedido em http://www.scielo.br/scielo.php?script=sci_arttext&pid=S0104-7183 2002000100002, em 1 de Setembro de 2007.

respectivamente. Em ambas as situações e em ambos os sexos o uso do preservativo mostrou estar associado ao pertencimento social e à idade da iniciação sexual; isto é, o uso continuado do preservativo estava associado a jovens cujas mães tinham uma escolaridade mais elevada e ao início mais tardio da actividade sexual.

Aos jovens que declararam não terem usado qualquer método preventivo na iniciação sexual foi-lhes perguntado o motivo do não-uso. 69,6% das raparigas e 73,9% dos rapazes responderam que *nem pensaram nisso*; 13,3% e 9,6% pensavam que não havia perigo de gravidez; 3% e 6,6%, respectivamente, responderam que *não sabiam como obter métodos* de prevenção; e 1,5% e 3,7%, respectivamente, responderam que a responsabilidade *foi do parceiro*. Quanto à última relação sexual, os três primeiros motivos mantiveram-se, embora o primeiro (*nem pensei nisso*) tenha caído para 41,9% e 39,9%, respectivamente. Um achado importante deste estudo é que o uso do preservativo na iniciação sexual aumenta a probabilidade do seu uso na última relação, ou seja, os jovens que usaram preservativo na sua iniciação sexual mostraram tendência a usá-lo no decorrer da sua vida sexual. Mas a percentagem de jovens que usaram preservativo na última relação sexual é significativamente menor, sobretudo a das mulheres – que também já haviam utilizado o preservativo numa percentagem menor na primeira relação sexual (ibidem, p. 10). No que toca ao uso do preservativo na última relação em indivíduos com dois a quatro parceiros sexuais ao longo da vida, verificou-se que os rapazes usavam mais que as raparigas com o mesmo número de parceiros. E, ainda, que as raparigas tendiam a usar tanto menos o preservativo quanto mais parceiros sexuais tinham tido (ibidem, p. 9).

Tamayo et al. (2001) realizaram um estudo numa amostra de 310 estudantes de ambos os sexos da Universidade de Brasília, procurando verificar o potencial preditivo dos valores sobre o comportamento de usar preservativo no relacionamento sexual, partindo do princípio de que as prioridades axiológicas da pessoa constituem um factor psicossocial preditivo do uso do preservativo. Concluíram que os tipos motivacionais de valores, *hedonismo, autodeterminação* e *estimulação*, constituem os componentes do pólo de abertura à mudança que tem como meta a procura de caminhos novos, mesmo que incertos, opostos ou diferentes das formas tradicionais de agir e de pensar (ibidem). O uso sistemático do preservativo não é um comportamento que faça parte das tradições culturais. De certo modo, ele opõe-se mesmo aos costumes e formas de pensar tradicionais. O facto de o uso do preservativo ser um comportamento novo e uma importante mudança nas formas tradicionais de relacionamento sexual explica por que razão a frequência do uso do preservativo aumenta quando aumenta a prioridade dada aos valores do hedonismo, autodeterminação e estimulação. Pelo contrário, a prioridade aos princípios da *tradição* correlaciona-se negativamente com o uso do preservativo.

Os resultados deste estudo ajudam a compreender e explicar o relativo insucesso das campanhas em favor do uso do preservativo, como método de prevenção do VIH/*sida* em culturas tradicionalistas e influenciadas por normas religiosas bastante prescritivas. Porém, os autores reconhecem que os resultados obtidos, a partir de uma amostra de estudantes universitários de uma universidade pública brasileira, podem não ser generalizáveis a adolescentes, adultos e indivíduos de nível socio-económico inferior. Além disso, o possível aumento da frequência do uso do preservativo em estudantes que priorizam os valores do hedonismo, da autodeterminação e da estimulação pode não ser suficiente para responder a um eventual aumento de exposição ao risco que uma tal pré-disposição axiológica pode acarretar.

Como é sabido, "o contacto sexual e o uso de droga intravenosas são os principais factores de contágio entre os jovens recém-infectados" (InformaçãoSIDA, 2004, p. 18).

Camargo e Barbará (2004), num estudo com 300 estudantes de escolas públicas e privadas do Estado brasileiro de Santa Catarina, tendo em conta que o uso de drogas está associado, directa ou indirectamente, ao risco de contaminação pelo VIH, concluíram que os rapazes (72,3%) consumiam mais drogas que as raparigas (46,6%) e que a droga mais utilizada tinha sido o álcool (49,0%). Tendo este estudo por objectivo principal avaliar o impacto da distribuição de três folhetos informativos sobre *sida (aids)*, os dados obtidos indicaram que houve um impacto positivo da leitura desses panfletos no *conhecimento*, mas já em relação à *atitude* para com o preservativo não tinham ocorrido alterações significativos e, em alguns casos mesmo, a favorabilidade frente ao objecto foi até diminuída (ibidem).

Num estudo com 315 estudantes espanhóis sexualmente activos, com idades entre os 18 e os 27 anos, Fernández et al. (2004, pp. 27-34) concluíram que 48,1 % dos inquiridos usavam o preservativo masculino de forma sistemática, sendo que os rapazes o utilizavam com mais frequência que as raparigas. E que nos rapazes os melhores preditores do uso do preservativo eram a menor frequência de actividade sexual, o terem em conta a dupla função contraceptiva e preventiva do preservativo, o sentirem-se seguros ao usá-lo e o não se sentirem constrangidos no momento de o adquirir. Para as raparigas, os melhores preditores do uso do preservativo eram o menor uso da pílula, a menor frequência do coito interrompido e o sentimento de que a atmosfera romântica não se deterioraria se o utilizassem. Os resultados obtidos demonstraram que os jovens associam o uso do preservativo a um método contraceptivo e não preventivo e que, quando têm uma relação regular e estável, a pílula substitui o preservativo (ibidem, p.31). Este dado é tanto mais importante quanto se sabe que a relação com um parceiro afectivo é, simplesmente, a relação que se dá com mais frequência e que as relações entre os mais jovens seguem muitas vezes o padrão de *monogamia serial*, segundo o qual o parceiro afectivo regular pode ser substituído com relativa frequência por um novo parceiro afectivo regular.

Parkes et al. (2007) estudaram o comportamento sexual de alunos de 25 escolas da Escócia, com idades entre os 14 e os 16 anos de idade, no que toca à relação entre o uso de substâncias e a utilização do preservativo nas relações sexuais. Concluíram que o uso de qualquer dos três tipos de substâncias, tabaco, álcool e drogas ilícitas, estava associado a um menor uso do preservativo, mas que, entre os adolescentes que faziam uso de substâncias, estar *bêbado* ou *pedrado* no decorrer da relação sexual era apenas um dos factores concorrentes para a não utilização do preservativo, já que intervinham também factores de natureza psicossocial, tais como a atitude face aos riscos sexuais e as normas sexuais do grupo, e o facto de terem tido vários parceiros sexuais ao longo da vida.

O estudo revelou que 24,1 % dos adolescentes inquiridos com 16 anos de idade estavam *bêbados* ou *pedrados* aquando da última relação sexual e que 21,9% já tinham tido mais de três parceiros sexuais nos 12 meses anteriores. Por outro lado, 46,3 % dos inquiridos admitiram ter tido relações sexuais *bêbados* ou *pedrados* nos 12 meses anteriores, com uso irregular do preservativo. Mas os autores concluíram ainda que o menor uso do preservativo por adolescentes que consumiam substâncias era um dado mais complexo do que as explicações baseadas no mero uso de bebidas ou de drogas e que um modelo multifacetado baseado no consumo de substâncias psico-activas, na maior frequência de relações, num número mais elevado de parceiros, no maior uso da pílula e em factores de natureza psico-social constituía uma explicação melhor para o facto de os utilizadores regulares de substâncias – sobretudo aqueles que usam regularmente mais do que uma – não utilizarem consistentemente o preservativo. Entre os factores psico-sociais que intervinham no não-uso do preservativo pelos adolescentes consumidores de substâncias psico-activas, os autores identificaram os resultados escolares, as normas sexuais do grupo, as expectativas individuais, as atitudes face ao risco sexual e o sentimento de responsabilidade (ibidem, p. 180.*e16*).

Hogben et al. (2006) estudaram um grupo de 519 adolescentes americanas do ensino secundário, com o fim de testar um modelo teórico que incorporasse as percepções das adolescentes sobre os sentimentos dos parceiros, em simultâneo com as suas próprias percepções, intenções e comportamentos, no sentido de contribuir para a previsão do uso do preservativo. Estudo tanto mais pertinente quanto se sabe que são habitualmente as raparigas que têm de convencer os seus parceiros a colocar o preservativo. 30,3 % das inquiridas referiram ter tido um único parceiro sexual nos três meses anteriores, 40,3% referiram ter tido dois parceiros; 17,3% referiram ter tido três parceiros e 12,1% referiram ter tido quatro ou mais parceiros nos três meses imediatamente anteriores.

As raparigas inquiridas tinham tido uma média de 16,37 actos sexuais genitais nos 90 dias anteriores, mas usaram o preservativo apenas 6,85 vezes – o que significa que apenas 41,8 % dos actos sexuais genitais foram protegidos.

Em geral, as participantes no estudo revelaram uma forte intenção de usar o preservativo sempre que fizessem sexo e de falar com os seus parceiros a respeito do uso do preservativo, mas já revelaram uma intenção mais fraca de rejeitar uma relação sexual sem preservativo. 88,8 % referiram ter usado o preservativo nos três meses anteriores, mas quer o uso *consistente* quer o uso *consistente e correcto* foram mais baixos. Mas acima de tudo, a consistência média do uso do preservativo por pessoa foi de 62,5 % e apenas 36,2% referiram ter cumprido a totalidade dos *critérios de consistência* na aplicação e uso do preservativo.

Concluíram que as intenções prévias estavam associadas ao uso correcto e consistente do preservativo nos três meses anteriores. Verificaram que a percepção da receptividade do parceiro ao uso do preservativo estava directamente correlacionada com o seu uso consistente. Um outro achado deste estudo foi o facto de a receptividade do parceiro, quando percebida pela rapariga, se correlacionar com a intenção de o vir a usar. Ou seja, a percepção de que o parceiro não estaria disposto a usá-lo reduzia a motivação da adolescente para usar preservativo.

No sentido de diminuir os riscos para a saúde associados às relações sexuais, os profissionais de saúde e os educadores americanos têm vindo a encorajar os adolescentes a retardar o início da actividade sexual e a usar o preservativo sempre que tenham relações sexuais. Mas, apesar desse esforço, cerca de um em cada cinco adolescentes americanos tem relações sexuais aos 15 anos de idade e cerca de 1/3 dos estudantes do ensino secundário refere não ter usado preservativo na última relação sexual.

Nesse sentido, Widdice et al. (2006) estudaram 418 alunos sexualmente inexperientes do ensino secundário do norte da Califórnia e procuraram avaliar como é que esses adolescentes previam os riscos e os possíveis benefícios de ter sexo com ou sem preservativo. Este estudo revelou, em primeiro lugar, uma grande aversão à gravidez, havendo também uma preocupação importante face à possibilidade de contrairem IST/VIH e à segurança ou insegurança do preservativo.

Do lado dos benefícios previsíveis de usar preservativo (*condom* [9]) os jovens indicaram a prevenção da gravidez (80,2%), a prevenção das IST/VIH (42%). Do lado dos riscos previsíveis associados ao uso do preservativo, 32,5 % dos inquiridos referiram que não trazia qualquer risco. Os riscos que foram mencionados como estando associados ao uso do preservativo relacionavam-se com a sua possível falta de segurança, ou seja, 46% referiram a possibilidade de o preservativo se romper, sair ou não resultar. Apenas 6,8 % dos inquiridos se referiram a riscos psicossociais relacionados com o uso do preservativo, isto é, a diminuição do prazer sexual (*sendo certo que a amostra diz respeito a jovens sexualmente inexperientes*). Os rapazes tinham mais tendência a não encontrar riscos no uso do preservativo (40,9 %) do que as raparigas (25,7 %).

Do lado dos benefícios previsíveis de não usar preservativo, mais de metade dos inquiridos não indicou nenhum. Mas, significativamente, mais do que os rapazes (48,2 %), as raparigas (67,3 %) disseram que não havia qualquer benefício em não usar preservativo. Por outro lado, quase 25 % dos adolescentes referiram, como *vantagens de não usar* preservativo, o *prazer*, o *divertimento* e o *aumento do prazer*. Relativamente à diminuição do prazer e do divertimento, os rapazes (30,1 %) queixaram-se mais do que as raparigas (16,8%). Quanto aos *riscos de não usar preservativo*, a maioria das respostas relacionaram-se com questões de saúde. A maioria tinha receio de uma gravidez (86,1 %) e/ou de contrair IST/VIH (60,0 %). Os riscos psicossociais do não uso do preservativo foram muito pouco referidos, sendo que apenas 6% referiu as consequências de uma gravidez inoportuna (*ficar grávida e ter de abandonar os estudos, fazer aborto, ficar com restrições financeiras por ter um filho e enfrentar problemas com os pais por causa da gravidez*).

Os autores, reflectindo sobre estes dados, propõem que na educação sexual dos adolescentes se dê uma maior atenção aos riscos psicossociais da sexualidade e não apenas, como tem sido feito, aos riscos estritamente ligados a questões de saúde.

Um aspecto importante do uso do preservativo em adolescentes é saber de que forma eles o usam quando têm relações com o parceiro habitual, ou principal, e quando têm relações sexuais com parceiros ocasionais. Lescano et al. (2006, pp. 443.*e1*-443.*e7*) fizeram um estudo procurando saber, precisamente, quais as atitudes dos adolescentes face ao preservativo e os respectivos comportamentos na presença do parceiro habitual ou de um parceiro de ocasião. Para isso, inquiriram 1 316 adolescentes dos 15 aos 21 anos de idade, que frequentavam os centros de saúde de três grandes cidades dos EUA. Os que responderam foram divididos em dois grupos, consoante disseram que

---

[9] No capítulo em que se trata da *mensagem* abordar-se-á a questão das designações atribuídas ao dispositivo. De facto, e como se verá, a sua designação (*camisa de Vénus, camisinha, condom, preservativo* e *profiláctico*) não é indiferente para efeitos de adesão ao seu uso. As duas primeiras têm por detrás uma conotação de prazer (amor sexual), *condom* é um termo neutro e *preservativo* e *profiláctico* têm por detrás uma conotação higienista, médica e científica.

apenas tinham um parceiro (65,0 %) ou que tinham tido pelo menos um parceiro ocasional (35,0 %). Dos que só tinham tido um parceiro, a maioria eram raparigas, enquanto que no segundo grupo (parceiros ocasionais) predominavam os rapazes. Neste segundo grupo registou-se um maior número de consumo de substâncias psicoactivas e um maior número de comportamentos de risco.

No entanto, a percentagem de actos sexuais desprotegidos nos 90 dias anteriores tinha sido sensivelmente idêntica (19,2 % e 21,5 %, respectivamente). Este dado deve-se a que os jovens que têm relações sexuais ocasionais tendem a utilizar mais vezes o preservativo que os jovens que só têm um parceiro, mas, em contrapartida, têm mais vezes relações sexuais. Os autores concluem que quer os adolescentes do grupo dos que apenas têm um parceiro, quer os adolescentes que têm parceiros ocasionais se encontram em risco potencial de contrair VIH e IST, dadas as altas taxas encontradas de práticas sexuais desprotegidas.

A acessibilidade dos preservativos é habitualmente referida como uma das questões centrais quando se quer que a prática de sexo protegido seja a norma habitual e seguida de uma forma consistente. Guttmacher et al. (1997) compararam o uso do preservativo em 7 119 estudantes do ensino secundário de Nova Iorque e de Chicago, para avaliar a eficácia do programa de acessibilidade aos preservativos então em curso nas escolas secundárias de Nova Iorque. Verificaram que os estudantes de Nova Iorque tinham taxas de actividade sexual idênticas às dos seus colegas de Chicago, mas apresenta-vam uma taxa mais elevada de uso do preservativo na última relação sexual. E que os estudantes nova-iorquinos de mais alto risco, ou seja, os que tinham tido três ou mais parceiros sexuais, também usavam mais o preservativo do que os seus colegas de Chicago em idênticas circunstâncias. Assim, parece claro que a maior acessibilidade aumenta o uso do preservativo. Mas, mais do que isso, verificaram que esse programa de acessibilidade do preservativo teve um impacto positivo especial nos jovens que tinham tido três ou mais parceiros nos últimos seis meses.

Uma outra questão que merece ser analisada é saber até que ponto as campanhas em prol do uso do preservativo têm como efeito secundário o aumento da actividade sexual, mais do que o objectivo pretendido de promover a sua utilização consistente. Sellers et al. (1994) conduziram um estudo longitudinal de comparação entre amostras probabilísticas de jovens urbanos etnicamente latino-europeus de uma cidade inter-vencionada com um programa complexo e multidisciplinar de promoção do uso do preservativo, no caso a cidade de Boston, no Massachusetts, e uma cidade-controle, no caso a cidade de Hartford, no Connecticut. Verificaram que os rapazes de Bos-ton passaram a ter tendência para uma iniciação sexual mais tardia, e as raparigas a tender para ter menos parceiros sexuais do que os seus congéneres de Hartford. E concluíram que os programas de prevenção de VIH com promoção e distribuição de preservativos não tinham tido como reflexo o incremento da actividade sexual entre os jovens estudados.

3.4. Limitações dos estudos portugueses sobre as determinantes do comportamento preventivo

No dizer da Coordenação Nacional para a Infecção VIH/sida, "um olhar sobre a produção científica portuguesa de nível internacional revela a expressão diminuta da investigação dirigida ao VIH/sida, sem que seja sequer evidente uma tendência para qualquer crescimento sustentado" (CNsida, 2007, p. 69).

Por outro lado, a maior parte dos estudos sobre os comportamentos sexuais, seu tipo, frequência, contexto e práticas preventivas, insere-se numa filosofia de saúde pública e não, propriamente, de uma contextualização da sexualidade em si mesma. Ou seja, os estudos vêm incidindo maioritariamente na prevenção do VIH/*sida* e nos aspectos do comportamento sexual que têm que ver com a transmissão da infecção. Ficam habitualmente de fora os determinantes do comportamento sexual, as características do relacionamento que leva ao sexo, os contextos em que as pessoas praticam sexo, os factores que determinam a sensação de prazer associada ao sexo, etc. Ora, em nosso entender, será difícil compreender os factores que determinam as práticas preventivas associadas às práticas sexuais sem primeiro compreender a sexualidade tal como ela é hoje vivida e praticada.

A informação sobre os conhecimentos, as atitudes e os comportamentos da população em geral, e dos seus vários estratos e populações mais vulneráveis, constitui um instrumento importante para a decisão informada e o adequado planeamento das estratégias de prevenção da infecção pelo VIH/ *sida* (ibidem, p. 33).

"A maioria dos estudos diz respeito a amostras de indivíduos homossexuais, heterossexuais e bissexuais, na proporção encontrada habitualmente na população, e a amostras exclusivamente heterossexuais. À semelhança da prática adoptada nos estudos seleccionados para a descrição das práticas sexuais, não se utilizam estudos com amostras exclusivamente homossexuais e/ou bissexuais, dada a possibilidade de especificidades próprias, resultantes da orientação psicossexual" (Alvarez, 2005, p. 82).

Marston e King reconhecem que são escassos os estudos sobre o comportamento homossexual nos jovens, embora nos poucos que existem se encontrem os mesmos temas que se identificam no comportamento heterossexual (Marston e King, 2006, p. 1584).

Os estudos portugueses e internacionais que abordam a problemática da prevenção da *sida* têm incidido, regra geral, sobre os conhecimentos, crenças, atitudes e práticas sexuais das populações estudadas, sendo geralmente reconhecida a falta de estudos sobre as razões que levam as pessoas, sobretudo os jovens, a não utilizar o preservativo de uma forma sistemática; e, ainda, por que razão certas faixas da população, habitualmente jovens, têm um bom nível de conhecimentos sobre IST e *sida* e um acesso privilegiado ao preservativo e, apesar disso, não o utilizam como seria de esperar. Porém, "nos últimos anos, tem aumentado a consciência da imagem parcial dos determinantes dos comportamentos sexuais de risco [...], pelo que têm vindo a ser sugeridos modelos interactivos e menos individuais que incluem variáveis pessoais, interpessoais e situacionais" (Alvarez, op. cit., p. 131).

Assim, Marston e King (op. cit.), fazendo uma revisão sistemática de 268 estudos qualitativos de vários países, publicados entre 1990 e 2004, inclusive, e respeitantes ao comportamento sexual dos jovens, encontraram sete temas-chave, cinco deles relacionados com o comportamento sexual, em geral, e dois com o uso do preservativo, em particular. São eles: 1º – os jovens dividem os seus potenciais parceiros sexuais em *limpos* e *não limpos*; 2º – os parceiros sexuais têm uma influência importante no comportamento em geral; 3º – os preservativos estão associados a estigmatização e a falta de confiança; 4º – os estereótipos de género determinam as expectativas sociais e, consequentemente, o comportamento; 5º – a sociedade estabelece critérios para punir e gratificar a actividade sexual conforme circunstâncias determinadas; 6º – são muito importantes a reputação e as consequências sociais da actividade ou da inactividade sexual; 7º – as expectativas sociais estabelecem os limites da comunicação sobre sexo.

Estes sete temas podem ajudar a responder a questões como esta: por que é que alguns jovens não utilizam sistematicamente o preservativo, mesmo tendo um alto nível de conhecimentos e um acesso privilegiado aos preservativos? Assim, um jovem pode decidir não usar preservativo se percebe que o seu parceiro é *limpo*; pode não conseguir abrir-se com o parceiro antes de fazer sexo; ou, se for rapaz, pode dar prioridade à penetração em lugar de pesar os riscos; e, se for rapariga, pode sentir dificuldade em pedir o uso do preservativo com receio de parecer demasiado experiente.

Este tipo de estudos pode explicar por que razão não têm sido eficazes os programas de prevenção do VIH/*sida*. É necessário identificar as múltiplas condicionantes que levam os jovens a não usar o preservativo, para lá dos clichés da *ignorância* e das *barreiras ao acesso à contracepção e ao preservativo*. E, além disso, é necessário esclarecer aquilo que os jovens fazem quando fazem sexo, com quem é que os jovens se relacionam sexualmente e em que contextos.

Em Portugal sabe-se que tem havido um aumento consistente do uso do preservativo nos jovens com idade inferior a 20 anos (Alvarez, op. cit., p. 89). Porém, estes dados são obtidos através de estudos de diferente proveniência e não, propriamente, através da realização de estudos longitudinais que documentem as mudanças verificadas no uso do preservativo numa dada população ao longo do tempo.

3.5. Conhecimentos e *mitos* sobre *sida*

O aparecimento de ideias erradas sobre a forma de transmissão do VIH data do início da epidemia. Os especialistas deram especial atenção a este problema, já que não só não bastava que a população em geral adoptasse os comportamentos preventivos correctos, como se tornava imperioso desencorajar e travar rapidamente a discriminação de que estavam a ser alvo as pessoas infectadas. O medo, inicialmente associado não só à própria doença como ao desconhecimento das vias de infecção, fez proliferar e arreigar um conjunto de ideias erradas [10], as quais têm constituído um permanente tema de investigação e uma preocupação dos responsáveis da luta contra a *sida*, nomeadamente no campo da prevenção. Luc Montaigner, um dos descobridores do

---

[10] As ideias erradas e as ideias feitas vêm sendo impropriamente designadas na literatura como *mitos* e *crenças*. Trata-se de um abastardamento desnecessário de ambas as palavras, mas como parecem estar já consagradas na literatura científica do ramo, usá-las-emos também, embora com esta ressalva. Quando da nossa autoria, serão grafadas em itálico.

VIH[11], foi também um pioneiro na informação e educação sobre os comportamentos, situações e lugares que a população não deveria associar à infecção [12].

Mas apesar destes esforços, apoiados desde logo pela OMS e por um sem-número de Organizações Não Governamentais (ONG), tem persistido na população um núcleo de ideias erradas sobre o VIH e as suas vias de transmissão, o que dificulta seriamente os esforços de prevenção e controle da epidemia [13].

Os responsáveis pelas políticas de saúde e os investigadores de várias áreas do conhecimento científico não têm cessado de pesquisar os conhecimentos e as percepções que a população vem manifestando a respeito da *sida*, ao longo dos tempos. Uma das formas de avaliar a informação e os conhecimentos da população é a realização de inquéritos sobre conhecimentos, atitudes e ideias-feitas (*crenças*) sobre o vírus e a doença.

Em Portugal, Lucas [14] levou a cabo, em 1987, um inquérito à população, tendo verificado que 56% dos inquiridos identificava a via sexual como a via de transmissão do VIH, 30,9% relacionava o contágio com as transfusões de sangue e 17,9% com seringas infectadas. Cerca de ¼ dos inquiridos desconhecia as formas de transmissão do vírus.

Num estudo realizado em 2003, Amaro et al.[15] verificaram que 31,5% da população estudada referia os serviços de saúde e as transfusões de sangue como situações de transmissão do VIH. Este dado não se devia a qualquer experiência pessoal de risco, mas, sim, "porque na sua mente havia uma associação entre essas situações e a infecção pelo VIH" (Amaro e Cunha-Teles, 2004, p. 6). Porém, os dados estatísticos de 1983 a 2004 [16] revelam que os serviços de saúde apenas podem ser responsabilizados por 1,5% das categorias de transmissão (no caso, o tratamento da hemofília e as transfusões sanguíneas) [17].

O mesmo estudo mostrou que 68,3% da população era de opinião de que em Portugal existe um risco elevado de se ser infectado pelo VIH, mas 21,1% considerava que não corria risco nenhum ou que o risco a que estava sujeito era menor do que o da maioria da população.

Segundo o Eurobarómetro de 2003, se compararmos as opiniões dos portugueses com a média dos cidadãos europeus, encontramos disparidades. 14% dos portugueses pensam que se pode apanhar a *sida* ao apertar a mão de um doente ou de um

---

[11] Sobre a paternidade da descoberta do vírus VIH: "Em Novembro de 1993 Robert Gallo admitiu não ter descoberto o HIV a favor de Jean-Luc Montagnier do Instituto Pasteur de Paris, depois de longos anos de disputa" (Massano Cardoso, 2004, p. 14).

[12] Designadamente na publicação: Montaigner. (1996 – 10ª ed. act.), *Sida: factos e esperanças*, adapt. e valid. de Maria Odette S. Ferreira, SCI, Paris.

[13] A maior parte destes *mitos* traduz-se em expectativas fantasiosas quanto à transmissão do VIH, cujas consequências são um certo potencial discriminatório e uma atitude sobredefensiva. Mas não são responsáveis em si mesmos pela não utilização do preservativo.

[14] Então membro da Comissão Nacional de Luta Contra a Sida.

[15] Amaro et al. (2004).

[16] CVEDT (2004).

[17] "Actualmente, o risco de contágio sanguíneo está limitado à toxicodependência, pois o risco de transmissão dos vírus através das transfusões de sangue e de seus derivados está praticamente dominada, dado o rastreio sistemático e obrigatório das dádivas de sangue e tratamento por inactivação dos produtos seus derivados, generalizado a partir de 1985" (Miranda, 1997, p. 16-18).

seropositivo, para uma média de 3% no conjunto da União Europeia; 10% pensam que é possível apanhar a *sida* tomando uma refeição preparada por um doente ou seropositivo, para uma média de 3% no conjunto da União; 58% dos europeus dizem que não é possível apanhar a *sida* sentando-se numa sanita previamente usada por um doente ou seropositivo, enquanto que só 35% dos portugueses têm a mesma opinião; 54% do conjunto dos cidadãos europeus acham que não é possível contrair o VIH ou apanhar a *sida* bebendo por um copo que um doente ou seropositivo tenha acabado de utilizar; e 11% acham que essa é uma das formas de se ser infectado, enquanto que as respostas dos portugueses atingem taxas mais elevadas em ambas as categorias. Não são referidas disparidades nas seguintes categorias: 19% do conjunto dos cidadãos europeus dizem que se pode apanhar a *sida* ao dar sangue, 14% dizem que talvez se possa apanhar dessa maneira, e 61% dizem que essa não é uma forma de a apanhar; 32% do conjunto dos cidadãos europeus acham que talvez se possa apanhar a *sida* beijando na boca uma pessoa doente ou seropositiva, 39% acham que não, e 20% acham que essa é uma forma de transmissão (*Eurobaromètre Spécial*, 2003, pp. 2-4).

Mas, como adiante veremos, as campanhas de prevenção do VIH/*sida* mostraram ser um viveiro de novos *mitos*, tendo desencadeado o aparecimento de expectativas irrealistas sobre a transmissão do VIH e o controle da infecção e da doença.

CAPÍTULO 4

A QUESTÃO DA MENSAGEM

4.1. O que comunicar e como comunicar

Um programa de prevenção das infecções sexualmente transmissíveis em geral e da *sida* em particular requer um esforço de comunicação. A mensagem a transmitir necessita de chegar, de ser compreendida e de ser integrada pelas pessoas a quem se destina. Mas, até ao momento, não se conseguiu ainda atingir esse objectivo. Fala-se muito de *sida*, de comportamentos de risco, da necessidade da prática de sexo seguro, de sexualidade responsável, mas os resultados têm sido sistematicamente desanimadores. Os jovens parecem continuar a ignorar o risco ou, pelo menos, a desprezá-lo. As campanhas junto da comunicação social e da publicidade fizeram seguramente dar a conhecer, junto da população em geral e dos jovens em especial, a existência de um problema sanitário grave a que é necessário dar resposta. Mas não parece que tenham convencido ou motivado os jovens a começar essa resposta por eles próprios. Mesmo um aumento do uso do preservativo, que se vem verificando nos últimos anos, está claramente aquém do que seria de desejar num problema desta dimensão.

De certo modo, a *sida* veio ensombrar as conquistas da revolução sexual dos anos 60 e 70 do século passado. Detectada pela primeira vez, a nível mundial, em 1981, rapidamente foi associada às relações sexuais, primeiro conotada com a homossexualidade mas depressa atingindo também a população heterossexual. As religiões institucionais viram com indisfarçáveis bons olhos o surgimento do fantasma do castigo divino. E os movimentos *gays* e lésbicos, em desenvolvimento na época, sentiram profundamente o desconforto de uma doença que parecia pôr em causa os seus princípios.

Entretanto, o vírus tinha transposto as fronteiras dos *grupos de risco* iniciais (praticantes de sexo comercial, homossexuais, hemofílicos e consumidores de drogas injectadas), transformando-se numa ameaça transversal e global.

Mas a descoberta e aplicação à prática médica dos medicamentos anti-retrovíricos veio alterar a imagem ameaçadora e imediatamente mortal da doença. E se as pessoas usaram de alguma contenção e de medidas de protecção na fase em que a doença era aguda, rápida e *visivelmente* mortal, cedo se deixaram iludir por um optimismo de todo injustificado. A perspectiva e os anúncios da iminência da disponibilidade de uma vacina anti-VIH vieram aumentar ainda mais esse injustificado optimismo.

"Desde Vancouver [1996] que as expectativas de terapêutica da SIDA substancialmente se modificaram. É nítida a diminuição da pressão de internamentos que se verifica nos nossos serviços especializados em doenças infecciosas, sendo hoje possível gerir a evolução destes doentes dando ênfase ao seu seguimento em consulta externa e hospital de dia.

A qualidade de vida melhorou acentuadamente e hoje aponta-se o caminho para a evolução das terapêuticas facilitadoras da *compliance* [1] ainda uma das marcantes problemáticas das prescrições, para quem tem de ingerir inúmeras pílulas, com interacções mútuas e efeitos secundários mais ou menos desagradáveis, mesmo considerando exclusivamente as terapêuticas específicas contra o vírus da SIDA, e mesmo sem entrar em conta com a adição das prescrições para as infecções oportunistas" (Meliço-Silvestre, 1999, p. 16).

A existência de um *período-janela* entre o momento da infecção e a seropositividade, e o alongamento do tempo entre a seropositividade e a instalação da *sida*, fazem com que pessoas infectadas transmitam a doença sem que elas próprias ou os seus parceiro(a)s sexuais se apercebam disso.

A *sida* perdeu a sua visibilidade e o poder imediatamente ameaçador, sem ter deixado de ser um gravíssimo problema de Saúde Pública, responsável pela perda de um número cada vez maior de vidas. Tornou-se uma doença insidiosa, invisível, de evolução mais lenta, mas tão mortal como dantes. O ganho obtido em sobrevida criou uma nova realidade. Grupos de opinião e de pressão na área da sexualidade começaram a preocupar-se com a qualidade de vida das pessoas infectadas, com o seu direito à sexualidade, com o peso dos *mitos* e fantasmas criados nos primeiros tempos da *sida*, e procuraram erradicar o perigo da marginalização e da exclusão dos seropositivos.

Passou a haver, por assim dizer, duas mensagens: uma, proclamando a necessidade da prática de sexo seguro; outra, explicando que a *sida* não se transmite de determinadas maneiras e que, inclusive, se for praticado sexo seguro de uma forma sistemática, o vírus não se transmite.

Um outro factor de inconsistência e ambiguidade nas mensagens preventivas da *sida* reside em que o núcleo central do problema do VIH e da *sida* já não reside tanto na ideia de morte – que se encontra, de certo modo, *protelada* pelos tratamentos anti-retrovíricos – mas, antes, na facilidade de disseminação do vírus, na sua morbilidade, no desconforto do tratamento, na perda de vitalidade e de produtividade, enfim, na presença de uma doença que não deixa de ser doença e grave pelo facto de ser *crónica*. E a transmissão da doença é, antes do mais, uma dupla questão de solidariedade social: por um lado, ao transmitir doença aos outros, a pessoa infectada contribui para o alastramento de uma doença grave, que provoca sofrimento e incapacidade; por outro lado, ao fazê-lo, está a multiplicar de forma incomportável o esforço financeiro da comunidade em tratamentos dispendiosos, para além da perda de imensa força produtiva e de um sem-número de dias de trabalho. Não é indiferente que, com os meios terapêuticos que hoje existem, o VIH se transmita ou não. Os jovens que se deixam iludir pelo carácter *crónico* e *tratável* da *sida* têm de ter a noção de que tão

---

[1] O tratamento anti-retrovírico disponível hoje em dia tem acentuados efeitos secundários. Estes, numa fase em que a pessoa seropositiva ainda se sente saudável, são um forte obstáculo à aceitação e continuidade do tratamento. Sabendo-se que o tratamento anti-retrovírico reduz a virémia a níveis que diminuem ou mesmo anulam a possibilidade de transmissão, esta falta de *compliance* tem consequências graves a nível da prevenção.

grave ou mais do que morrer depressa é ficar doente, ter de se tratar e, mesmo assim morrer alguns anos depois.

Daí a necessidade de identificar os factores ou determinantes do uso ou não uso do preservativo e de perspectivar novas formas de conceber e comunicar as mensagens preventivas na área da sexualidade.

Como diz Orquídea Lopes (Lopes, 2006, p. 17 e 18), "planificar uma campanha de prevenção de SIDA é dos processos mais complexos. Há obstáculos à construção da mensagem de prevenção da Sida. É preciso que as mensagens respeitem os diversos públicos e as suas sensibilidades, os liberais e os conservadores; os infectados e os não infectados; os homossexuais e os heterossexuais; os brancos e os de cor; os pobres e os ricos; as vítimas inocentes e as vítimas culpadas; o homem/mulher fiel e o homem/mulher infiel". Assim, a mensagem que é necessário transmitir nas campanhas de prevenção do VIH/*sida*, sendo susceptível de ferir sensibilidades e valores culturais, deixa de ser estritamente matéria da Saúde e da Educação para tomar contornos ideológicos e políticos, levando à "difusão de informações contraditórias, confusas e incompreensíveis" (ibidem, p. 114).

Os estudantes parecem partilhar a opinião de que as mensagens a transmitir deverão ser claras, explícitas e retratar a realidade da *sida* tal como ela é. Uma boa parte deles acha mesmo que as mensagens, para serem persuasivas, deverão incutir medo, com apresentação de casos e testemunhos reais. Este problema tem sido tratado por autores que nos antecederam.

Massano Cardoso chama-nos a atenção para que "quando as medidas preventivas são aplicadas a nível individual, tornam-se de um modo geral ineficazes, já que somente irão beneficiar uma pequena minoria. Por outro lado, a falta de personalização das medidas preventivas impede frequentemente a mudança do curso de uma doença. As pessoas são, de um modo geral, renitentes a adaptarem-se a novos comportamentos, desde que não *sintam* na própria pele ou na dos familiares e amigos as consequências de hábitos e estilos de vida perigosos" (Massano Cardoso, 2004, p. 442)

4.2. As estratégias do medo

Como dizem Amaro e Cunha-Teles (2006, p. 100), "o medo sempre foi utilizado como estratégia dissuasória do comportamento. Esta variável tem sido incorporada em modelos de motivação para a protecção. No domínio da prevenção das doenças acreditava-se que o indivíduo não se envolveria em certos comportamentos de risco se a situação fosse suficientemente assustadora. E pode haver algo mais assustador que a morte?".

Orquídea Lopes (Lopes, op. cit., p. 238), ao analisar *spots* publicitários sobre *sida*, concluiu que "as campanhas que provocaram indução cognitiva informam sobre as vias de transmissão incorrectas do vírus, apelam para a importância de estar informado, promovem a saúde como um valor de responsabilidade social (...), usam como estratégia o medo e recorrem a uma linguagem inovadora e apelativa", e que "as mensagens que se destinavam a informar sobre a sexualidade como uma via de transmissão, para o uso do preservativo como medida preventiva, e que usam factos da vida real como estratégia, não provocaram impacto reflexivo". Concluiu também (ibidem, p.248) que "os *spots* que usaram como estratégia persuasiva o medo provocaram maior impacto cognitivo".

Ao analisar as imagens fotográficas publicadas pela imprensa escrita acerca de pessoas seropositivas, Cristina Ponte (Ponte, 2004, p. 87) refere que "a foto-choque possui uma força própria, que pode chocar os leitores ao ponto de estes recusarem um conhecimento mais alargado sobre o tema focado, ou então permitir-lhes tomar consciência de uma realidade monstruosa".

Mas Amaro e Cunha-Teles (op. cit., pág. 100) contrapõem: "as primeiras campanhas da Sida continham muitas mensagens destinadas a provocar o medo e assim evitar a propagação da infecção. A estratégia mostrou-se errada por dois tipos de razões. Em primeiro lugar, porque a pessoa tende a evitar os estímulos negativos que lhe causem desconforto psicológico, e não capta a mensagem. Em segundo lugar, as mensagens de medo aumentam o nível de ansiedade do indivíduo e pode levar a mecanismos de negação da doença ou de estigmatização dos indivíduos por ela já atingidos".

No entanto, nos *spots* estudados por Orquídea Lopes, a autora refere que esses *spots* não forneciam informações que permitissem ter consciência da personalização do risco; não mostravam os obstáculos à mudança de comportamento (como o uso de álcool e drogas, que faz esquecer a informação); não dão informação sobre a doença e sobre os comportamentos desejáveis; não combatem ideias erradas sobre a doença (a de que os seropositivos se conhecem pelo aspecto, por exemplo); não fornecem modelos vicários (*role playing*) que permitam aprender por observação (como negociar o uso do preservativo entre dois parceiros sexuais; serem as raparigas a facultar o preservativo). As mensagens examinadas destacavam as consequências a esperar quando não se usa preservativo (por exemplo, ficar infectado e morrer), mas não forneciam modelos vicários que reforçassem as vantagens de ter comportamentos saudáveis (isto é, os benefícios físicos, mentais e sociais, tais como o bem estar e a aprovação) (ibidem, p.245). A autora conclui ainda que as investigações aconselham a que as mensagens a dirigir aos pré-adolescentes e adolescentes, em vez da prevenção, proibição e obrigatoriedade, devam enfatizar a moderação e a intervenção e acentuar e reforçar a positividade dos comportamentos (ibidem, p. 184).

Massano Cardoso (op. cit., p. 442) diz-nos que "os seres humanos são geralmente motivados pelos benefícios visíveis, frequentes e precoces. Os benefícios na saúde raramente preenchem estes requisitos. Como grande parte da patologia humana assenta em fenómenos sociais e psicológicos, não é difícil descortinar o crescente desenvolvimento de actividades pseudo-religiosas e pseudo-médicas que ofereçam curas certas e imediatas". Isto também é verdade para a *sida*. E apresentando o exemplo das campanhas anti-tabágicas, adverte: "Quanto aos avisos de perigo nas embalagens de tabaco, podemos afirmar que além de qualquer efeito positivo, poderão ter efeitos paradoxais. Como se demonstra com a ideia de um fabricante de cigarros, cuja marca passou a ser designada por *Death*, utilizando como imagem de marca uma caveira com duas tíbias. Atingiu vendas muito significativas entre os adolescentes". Este facto chama-nos a atenção para a necessidade de não exacerbar o gosto pelo risco e pelas sensações radicais nesta faixa etária. E para a facilidade com que, nestas idades, as mensagens têm efeitos paradoxais. Elas não deverão fazer apelo a sensações, emoções ou sentimentos que sejam contraditórios com a essência do seu conteúdo intencional.

4.3. As mensagens indutoras

Assim, como dizem Amaro e Cunha-Teles (op. cit., p. 91), "é fundamental que não se acabe por promover comportamentos que representem eles próprios situações de risco, em termos de infecção pelo VIH, com o pretexto de promover o uso do preservativo. Designadamente, as mensagens de conteúdo erótico, defendidas por certos educadores mais radicais, no sentido de as tornar mais apelativas e delas fazerem um acto de resistência cultural ao avanço dos mais conservadores, podem funcionar como mensagens paradoxais. Nelas se apresentam "duas ideias opostas com valor equivalente, criando no destinatário a dúvida, mesmo inconsciente, do caminho a seguir. Nestes casos, a interpretação adoptada pelo destinatário destina-se mais a confirmar pontos de vista já interiorizados do que a adoptar novos caminhos" (ibidem).

Numa entrevista à Revista *Informação SIDA*, em 2002, Louise Cunha-Teles acrescenta: "Penso que se tem feito uma divulgação que, a meu ver, ao querer contrariar determinados comportamentos, se faz a sua apologia. Lembro-me de um cartaz que dizia qualquer coisa do género '*se vais para férias diverte-te, mas não te esqueças do preservativo*'. É claro que o conselho é bom, mas a questão é que acaba por se fazer a apologia da promiscuidade das relações sexuais, que é, exactamente, aquilo que deve ser combatido. Não partilho da ideia de uma educação moralista, mas penso que se têm cometido alguns excessos na forma como a informação tem sido passada para os jovens. Em vez de se contrariar a epidemia, tem-se feito a apologia dos comportamentos irresponsáveis, o que não pode dar bom resultado" (InformaçãoSIDA, 2002, p. 7).

Um outro exemplo de mensagens indutoras são as que foram promovidas na campanha *Classificados*, da CNLCS, durante a Expo 98, em Lisboa. Nas páginas dos jornais reservadas aos anúncios classificados, incentivava-se o uso de preservativos por parte dos clientes de prostitutas, com frases como: "se veio visitar a Expo 69 [2] use preservativo"; "preservativo aceite nas melhores casas de passe portuguesas"; "preservativo, consumo mínimo obrigatório nos mais afamados *bares de alterne*" (Amaro e Cunha-Teles, op. cit., p. 87). Um outro inconveniente grave desta campanha foi o de *colar* o preservativo à prostituição, acentuando os preconceitos que já existem em relação ao seu uso.

4.4. A pressão das ideologias

As campanhas de prevenção do VIH, pela natureza da transmissão do vírus e pela potencial ameaça às liberdades sexuais, têm tomado um carácter visivelmente ideológico [3]. As ideologias ainda não ultrapassaram o choque provocado pelo emergir da doença, pelo que parecem mais preocupadas em sobreviver elas mesmas do que em

---

[2] *sic.*

[3] "A voz e a opinião dos cientistas, dos técnicos publicitários, dos investigadores de mercado, dos directores de meios de comunicação e dos técnicos de comunicação são muitas vezes rejeitadas, em prol dos princípios ideológicos e políticos. Tais pressões levam a que muitas campanhas sejam esvaziadas e esboroadas de conteúdo e objectivos, acabando por não serem emitidas ou divulgadas" (Lopes, 2006, p. 114).

contribuir para a resolução do problema. Este é uma das questões que mais tem contribuído para a ineficácia da luta contra a *sida* no nosso país, fracasso esse oficialmente reconhecido no Preâmbulo do Despacho nº 19 871/2005, do Ministro da Saúde, que visa enfrentar "o insucesso das aproximações que se delinearam para combater a epidemia VIH/sida em Portugal".

De um lado, estão conservadores e puritanos, que põem o acento tónico na abstinência, na monogamia e na fidelidade; do outro lado, um grupo heterogéneo de liberais, que põe a tónica na defesa da liberdade sexual e do direito de escolha ou preferência sexual. Os reflexos de uma ou outra posição ressaltam mais nas campanhas sanitárias do que a mensagem preventiva propriamente dita. Quando a primeira tónica prevalece, as mensagens tendem a negligenciar a prática das medidas de segurança sanitária; quando prevalece a segunda, as mensagens tendem a ressaltar a legitimidade das escolhas sobre o seu risco implícito, hipervalorizando o mero uso do preservativo. Um ponto intermédio entre estes dois extremos é o conceito de *sexo seguro*, que se traduz no princípio da monogamia, ou na diminuição do número de parceiros, no sexo sem penetração e no uso do preservativo. No entanto, as mensagens elaboradas segundo esta base intermédia acabam por ser contraditórias, induzindo práticas sexuais de risco idêntico à penetração ou de penetração não vaginal, de alto risco. Além disso, essas campanhas acabam por ter um efeito contraditório: a maior parte dos jovens sabe que o uso do preservativo é um dos métodos mais seguros, mas têm um comportamento contraditório: não o usam. Isto deve-se a que confiam no parceiro ou parceira sexual, receiam que o uso do preservativo interfira com a espontaneidade da relação ou, então, receiam que, sugerindo o uso do preservativo, dêem ao parceiro ou parceira a impressão de que se encontram infectados. Ou seja, as mensagens levam a que os jovens pensem que só devem proteger-se se enveredarem pelo que entendem por *comportamentos de risco* ou se suspeitarem de que o seu parceiro ou parceira está infectado (a). E assim, como habitualmente confiam nos seus parceiros, ou simplesmente não desconfiam, não usam o preservativo ou deixam de o usar a partir do momento em que a sua relação adquire estabilidade. Por outro lado, muitos dos comportamentos e *atmosferas* de risco têm por consequência a impossibilidade prática de usar o preservativo. Isto é, a aposta apenas no uso do preservativo tem por consequência que ele não seja utilizado precisamente nas ocasiões e comportamentos em que mais seria necessário usá-lo.

4.5. A infecção silenciosa

Talvez o maior dos problemas da mensagem sanitária consista em mostrar às pessoas em geral, e aos jovens em particular, que o perigo de transmissão ou contágio do VIH não está tanto nos doentes com *sida*, fáceis de reconhecer como doentes, mas, sobretudo, nas pessoas que parecem gozar de perfeita saúde mas que são seropositivas. De facto, uma boa parte dos nossos jovens confunde a seropositividade para o VIH com a doença *sida* e, por outro lado, parece acreditar que à seropositividade se segue de imediato uma acentuada degradação física (*aspecto de muito doente*). A este facto não é estranho o comportamento dos *media*, que favorecem essa confusão. Não só todas as campanhas falam da *sida* e não do VIH, isto é, acentuam os efeitos e não as suas causas (Lopes, op. cit., p.115), como "as imagens que aparecem frequentemente como ilustração possuem uma forte carga dramática e muitas mostram o seropositivo como um indivíduo doente e em sofrimento, espacialmente inserido em ambientes de hospital e ostracizado pela sociedade" (Ponte, 2004, p. 84). Tudo isto contribui para reforçar o cliché do portador de VIH como um doente com aspecto terminal, construindo um sentido da *sida* como um problema dos outros (ibidem, p. 30).

Porém, até chegar à fase de *sida*-doença, o portador de VIH é um transmissor silencioso do vírus, com um aspecto perfeitamente saudável. E seria para estes transmissores silenciosos, e aparentemente inofensivos, que as campanhas sanitárias deveriam assestar as suas baterias, alertando os adolescentes e jovens para o facto de o perigo não se ver. Além disso, ainda perdura o cliché do contágio por pessoas ligadas a actividades específicas ou grupos marginais (tais como a prostituição, as prisões, a toxicodependência) e de imagens de instrumental associado à ideia de contaminação (por exemplo, bisturis e seringas, consultórios de dentistas).

Mas têm também surgido mensagens de conteúdo demasiado optimista e mesmo irrealista, para não dizer de negação da infecção e da doença, que apresentam pessoas que se dizem seropositivas e em tratamento e que *respiram saúde e energia*, como se nada de anormal se passasse com elas. Estas mensagens induzem a falsa noção de que a seropositividade e a *sida* são hoje realidades banais e controladas, que se situam a um nível inferior relativamente a outras prioridades mais prementes, impedindo a necessária percepção de um problema sanitário de envergadura mundial.

4.6. As metáforas bélicas

Entretanto, no início do nosso século, outros fenómenos sociais e políticos vieram ofuscar a importância das preocupações da opinião pública a respeito do VIH e da *sida*. Os acontecimentos do 11 de Setembro de 2001 em Nova Iorque, o início da Guerra do Iraque em 2003, e o atentado de 11 de Março de 2004 em Madrid, trouxeram para primeiro plano as preocupações com o terrorismo e com as armas químicas e bacteriológicas, passando para plano secundário os receios quanto ao contágio da *sida*. "O temor do contágio da Sida está assimilado, terá sido substituído por outros horrores, como o terrorismo e o medo das armas químicas e bacteriológicas" (Ponte, 2004, p. 30). E no entanto, a epidemia de *sida* constitui um perigo mortal superior ao dos actos terroristas e das guerras em que o nosso mundo está mergulhado. No discurso que proferiu na Reunião Especial da Assembleia-Geral da ONU, de 22 de Setembro de 2003, Jorge Sampaio, então Presidente da República Portuguesa, advertiu: "não é admissível que a agenda política internacional, compreensivelmente preocupada com o combate ao terrorismo armado, esqueça esta outra fonte de terror que, diariamente, mata ou coloca na miséria e na dor sectores tão significativos da população mundial" (InformaçãoSIDA, 2003, p. 10).

Este clima favoreceu o desenvolvimento de *metáforas bélicas*, para usarmos a terminologia de Cristiana Bastos. "O uso das metáforas bélicas está presente na linguagem da SIDA muito para além da descrição dos estados de perda, urgência e devastação associados à experiência da crise – e nessa omnipresença e naturalização da guerra enquanto actividade da biologia, da saúde e da terapêutica reside um dos principais problemas cognitivos associados não apenas à representação da SIDA e das doenças infecciosas, mas também às formas de intervenção que para estas se desenham" (Bastos, 2002, p.181). Talvez por isso, a natureza e o conteúdo do discurso dos *media* na área do VIH e da *sida* têm estado muito centrados na luta da medicina contra a doença, privilegiando a perspectiva científica, por vezes numa linguagem técnica dificilmente entendível pelos leigos, ou acentuando a esperança, ainda não concretizada, do desenvolvimento de uma vacina contra o VIH (Lopes, 2006, p. 119). Neste teatro de *guerra*, ora a ciência e a medicina vencem a doença, ora a doença progride e se propaga fora do controle da medicina. A vitória ou a impotência da ciência e da medicina face ao síndrome, nestes 20 anos, permanecem duas grandes narrativas interligadas. "Assim se alimentou a *novela da vacina*, numa narração de final incerto, como permanece" (Ponte, 2004, p. 97).

No entanto, as metáforas militares não são um exclusivo da *sida*. Elas aparecem em toda a infecciologia. O que há de novo com a *sida* é que as metáforas deixam de falar de vitórias e derrotas, passando a contemplar uma guerra mais ampla e mais difícil de controlar [4]. Há uma espécie de subversão dos termos da luta militar contra o vírus invasor. "Ao afirmar a possibilidade de viver com a SIDA e o HIV, algumas pessoas com SIDA definiram implicitamente os termos de um novo paradigma. Ao criarem a identidade da pessoa com SIDA, desafiaram as expectativas sobre a sua morte pelo facto de terem continuado a viver, de terem prevenido mais infecções, de terem adoptado uma alimentação equilibrada, de terem pressionado as agências biomédicas para haver mais investigação e melhores medicamentos, e de terem feito da infecção pelo HIV uma condição crónica" (Bastos, 2002, p. 185).

Mas a persistência dos paradigmas da guerra na medicina e imunologia contemporâneas assenta num entendimento parcial e desajustado da interacção entre o organismo e o agente infeccioso, pois apenas valoriza as fases de infecção, negligenciando a forma como o sistema imunitário funciona em condições normais. Como todos sabemos, a doença é a excepção ao longo da maior parte da nossa vida. Fora dessa excepção, o sistema imunitário interage correctamente com um sem-número de bactérias, vírus e alergenos.

Os vírus, designadamente o VIH "não estão dotados com o objectivo teleológico de matar, tomar de assalto, invadir e destruir os organismos maiores; não são seres maléficos movidos pela intenção de destruir. E nem tão-pouco o sistema imunitário existe como um exército pronto a defender o corpo de tais ataques" (ibidem, p. 189). A função do sistema imunitário é apenas a de reagir à diferenciação *eu/não-eu* ou dentro do próprio *eu*. Quando funciona correctamente, o sistema imunitário assegura o equilíbrio entre a presença de elementos estranhos e a sobrevivência saudável do organismo. O organismo torna-se, num outro registo, um *hospedeiro* de estranhos, numa relação pacífica e de proveito mútuo.

Mas não poderemos ignorar uma característica singular do VIH: ele neutraliza e parasita o sistema imunitário humano, impedindo qualquer forma de equilíbrio e de convivência natural entre o vírus e o organismo hospedeiro, cuja única função passa a ser, a partir daí, servir de pasto à multiplicação do vírus. Uma outra característica

---

[4] Curiosamente, este mesmo fenómeno se passa com grande parte dos actuais conflitos bélicos, pelo menos a partir da guerra do Vietname, do Afeganistão e do Iraque.

reside na sua transmissão sexual e sanguínea. Uma vez que a epidemia surgiu pouco depois dos primeiros passos da chamada *revolução sexual,* a *sida* adquiriu de imediato o estatuto de *doença civilizacional,* muito marcada pelas suas conotações sociais e ideológicas.

Encarada como uma ameaça à liberdade sexual e à liberalização dos costumes, a *sida* trouxe para o campo da profilaxia um sem-número de pressupostos até aí desconhecidos na área da prevenção das doenças infecciosas e que, em síntese, se poderão resumir na necessidade de conter a epidemia sem pôr em causa os direitos civilizacionais a nível da sexualidade em geral e de certas grupos em particular, como os homossexuais, os bissexuais, as prostitutas e os toxicodependentes. "A epidemia da SIDA foi a primeira a surgir na era dos direitos humanos" (Miranda, 1997, p. 18). Isto tem sido um factor de confusão e de ambiguidade na construção das mensagens sanitárias. De início identificadas como *grupos de risco,* estas minorias cedo transmitiram a doença aos grupos restantes, os quais, não se vendo a si mesmos como grupos de risco, não tomavam as correspondentes medidas de protecção. Por outro lado, a necessidade de preservar a inclusão social destas minorias fez com que nas mensagens sanitárias se desse mais ênfase à forma como a doença não se transmite do que, propriamente à forma como ela se transmite. Além disso, as mensagens que parecem resumir toda a prevenção da *sida* à utilização do preservativo e à troca de seringas fazem com que a sexualidade e o consumo de drogas endovenosas sejam encarados como um direito sem limites, desde que o preservativo e a troca de seringas façam parte integrante do acto sexual ou do consumo de drogas.

Outra questão associada à problemática da mensagem é saber como apelar para a prevenção da *sida* nos meios de comunicação social. Os governos não têm ainda um processo expedito e consensual de gerar informação explicitamente sobre sexo. Isso faz com que os conteúdos das mensagens acabem por ser abstratos e, muitas vezes ambíguos. Ora, uma mensagem mal elaborada, demasiado abstrata ou ambígua pode criar ideias erradas, que tendem a difundir-se e a generalizar-se. Por exemplo, "para evitar a utilização de conceitos como *sémen* ou *secreções vaginais,* os jornalistas substituíram-nos por eufemismos como *fluidos do corpo.* Isto provocou juízos e inferências erradas de que a saliva, as lágrimas e o suor eram fontes de transmissão do VIH" (Lopes, 2006, p. 120).

4.7. As dificuldades da prevenção

Por outro lado, o discurso médico estrito leva as pessoas a transferir para a Medicina e para a Ciência a responsabilidade da resolução do problema, limitando-se a aguardar que isso aconteça e esquecendo o papel e a responsabilidade individual na transmissão da doença [5]. Do ponto de vista das mensagens preventivas, não tem

---

[5] O artº 283º do Código Penal tipifica como crime, punido com pena de prisão de 1 a 8 anos, a propagação de doença contagiosa de modo a criar perigo para a vida ou perigo grave para a integridade física de outrem. Se este perigo for criado por negligência, o agente é punido com pena de prisão até 5 anos. (Cf. Gonçalves, 1999, pp. 826-828). Porém, a aplicabilidade deste artigo restringe-se praticamente ao dolo, não se aplicando nestes casos e afins, nos quais se presume que as pessoas envolvidas numa relação sexual voluntária têm o dever de prevenção.

sido muito abordada a responsabilidade dos transmissores da infecção pelo VIH, encarando-se mais frequentemente o problema, para não dizer sempre, do lado daqueles que são infectados. A verdade é que, tratando-se de uma epidemia desta natureza e dimensão, todos são potenciais receptores e todos são potenciais transmissores. A realização de campanhas em favor da realização do teste de despistagem do VIH pode ser uma forma de incutir algum *insight* sobre a doença no seio da população jovem, tornando-a numa realidade mais próxima e mais palpável, menos vaga e distante que a mera noção de risco.

Na verdade, "para os adolescentes, falar-lhes de morrer de cancro por fumar, de acidentes [de viação] por viajar sem cinto ou depois de ter bebido, ou de SIDA por ter relações sexuais sem preservativo é, em muitos casos, o mesmo que perguntar a uma criança o que ela quer ser quando for grande" (Cordeiro, 1997, I, p. 33). Além disso, "o gosto dos jovens pelo risco faz com que eles, instintivamente, recusem pensar demasiado nas consequências não imediatas dos seus actos" (ibidem, p. 15). Assim, de certo modo, falar de *risco* aos jovens é o mesmo que estimular os comportamentos que o determinam.

"A SIDA ainda é uma doença que se combate com uma boa prevenção, mas que deve ser continuada, imaginativa e pouco formal. (...) Temos tudo a aprender com os brasileiros. Basta ver os cartazes que produzem. Eles usam o sentido de humor natural que têm para fazer uma campanha de prevenção extremamente eficaz. Na verdade, o Brasil é uma lição para todo o mundo porque há alguns anos atrás previa-se uma catástrofe gigantesca que não chegou a acontecer e, inclusivamente, conseguiram reduzir o número de novos casos" (Camacho, 2003, p. 6). "Ainda hoje reflicto como foi possível não ter havido uma explosão da doença nas favelas" (Meliço-Silvestre, 2003, p. 9). Para Peter Piot, "o Brasil vem desempenhando, há muito tempo, um papel de liderança na resposta à SIDA. A comunidade internacional continuará a aprender com o exemplo brasileiro" (InformaçãoSIDA, 2005, p. 6).

4.8. Camisa, camisinha, condom, preservativo e profiláctico

Em Portugal o termo *preservativo*, um galicismo, entrou na linguagem corrente nos anos 70 do século passado, no contexto da reformulação dos Serviços de Saúde e da entrada em cena da Medicina Preventiva e do Planeamento Familiar. Até então, o termo corrente que o designava era *camisa de Vénus, camisa* ou *camisinha*. Estas designações tinham um de dois contextos: a prevenção de IST nas relações sexuais com prostitutas e a prevenção de uma gravidez inoportuna em relacionamentos ocasionais. A palavra *preservativo*, associada a uma conotação *científica*, erudita, viria ocupar um novo contexto no seio de uma nova moral. O novo contexto era a liberdade sexual e a nova moral o pensamento higienista e médico [6].

A escolha da palavra para designar o objecto não é indiferente. Um termo erudito e *científico* não se adapta a situações de intimidade, afectividade e prazer. A palavra *preservativo* induz a ideia de intrusão e falta de espontaneidade. Não será por acaso

---

[6] "O preservativo é um dispositivo médico que carece de ser regulado e controlado" (WHO/UNAIDS, 2003, p. vi).

que os brasileiros utilizam o termo *preservativo* nas comunicações e nos trabalhos técnicos e científicos, mas privilegiam a designação *camisinha* para veicular as mensagens preventivas.

Em Portugal tem-se usado e abusado da designação erudita e técnica. Há até quem utilize a designação *profiláctico*, cuja conotação sanitária é ainda mais evidente. Mas há excepções. No ano de 2000, a CNLS promoveu um *spot* televisivo que utilizava o termo *camisinha*: "usa sempre camisinha, não ponhas em risco a tua vida e dos outros" (Lopes, 2006, p. 281). A experiência, contudo, foi passageira e o termo erudito, *preservativo*, tem-se mantido na linguagem das campanhas.

Os termos *preservativo* e *profiláctico* têm, ainda, uma desvantagem: induzem nos receptores das mensagens a ideia de intrusão da medicina e dos cuidados profilácticos no terreno das práticas de intimidade. E essa intrusão é muitas vezes vivenciada como um estímulo aversivo.

4.9. Organização da luta contra o VIH/*sida* em Portugal

Portugal acompanha os restantes países ocidentais no combate à *sida* desde a década de 80. Em 1985 o Ministério da Saúde criou o Grupo de Trabalho da SIDA [7], que tinha como objectivo recolher informação sobre novos casos de infecção pelo VIH/*sida*, confirmar ou refutar os diagnósticos até então estabelecidos e implementar estratégias nacionais de prevenção da infecção. Esse Grupo de Trabalho incluía representantes da Direcção-Geral dos Cuidados de Saúde Primários, da Direcção-Geral dos Hospitais, do Instituto Nacional do Sangue, do Centro de Histocompatibilidade do Sul e do Instituto Nacional de Saúde Dr. Ricardo Jorge, cabendo a este último, na pessoa de Laura Ayres, a função de Coordenador do Grupo.

Porém, o avanço da epidemia ditaria a necessidade de reformular este Grupo de Trabalho, criando-se, então, a Comissão Nacional de Luta Contra a SIDA [8] (CNLCS), à qual passou a competir a implementação de acções de luta contra a *sida*, nas vertentes preventiva, educativa, assistencial, de investigação, de aconselhamento e de acompanhamento.

Por morte de Laura Ayres em Janeiro de 1992, sucede-lhe no cargo de Coordenador Machado Caetano, o qual, ainda no mesmo ano, seria substituído por Odette Ferreira [9]. Em Julho de 1993 é aprovado o Plano Nacional de Luta Contra a SIDA, que orientaria a acção da Comissão até ao ano 2000.

O Centro de Rastreio Anónimo da Infecção VIH abriu ao público no dia 14 de Janeiro de 1998, no Centro de Saúde da Lapa, em Lisboa (InformaçãoSIDA, 1999, p. 22).

---

[7] Aviso, Secretaria-Geral do Ministério da Saúde, de 19 de Outubro, D.R. nº 241, II Série, de 19 de Outubro de 1985.

[8] Despacho nº 5/90, do Ministério da Saúde, D.R., nº 78, II Série, de 3 de Abril de 1990.

[9] A Professora Doutora Odette Ferreira foi coordenadora da CNLCS de 1992 a 2000, tendo sido representante de Portugal na União Europeia, no Programa Europa Contra a SIDA e no Comité Consultivo e Gestor do Programa de Prevenção da *SIDA* e outras Doenças Transmissíveis (*Notícias Médicas*, 2007, p. 26).

Em Maio de 2000 a CNLCS sofre um processo de redefinição de missão, com reestruturação orgânica e financeira, sendo designado seu Coordenador Fernando Ventura [10]. A CNLCS adquire a natureza de Estrutura de Projecto [11]. Surge o Plano Estratégico de Luta Contra a Infecção pelo VIH/SIDA para o triénio 2001-2003, que apostava fortemente nos Centros de Aconselhamento e Detecção Precoce (CAD) como estruturas de apoio à prevenção. Em Agosto de 2003, a CNLCS sofre um processo de reestruturação orgânica e funcional, adquirindo o estatuto de Unidade de Missão [12], sendo designado Encarregado de Missão Meliço-Silvestre, que concebeu e dirigiu o Plano Nacional de Luta Contra Sida para o triénio 2004-2006, intitulado *"Diferentes, SIM! Indiferentes, NUNCA!"* [13] e que continha 10 metas. Em Agosto de 2005, é extinta a CNLCS, que sob a designação de Coordenação Nacional para a Infecção VIH/sida é integrada no Alto Comissariado da Saúde [14], sendo Henrique de Barros nomeado Coordenador Nacional para a Infecção VIH/*sida*. O objectivo desta reestruturação foi implementar um modelo de organização que permitisse uma gestão eficiente de programas, uma melhor integração vertical das instituições envolvidas e uma mais eficaz articulação horizontal com outros agentes e sectores. Daqui surge o Programa Nacional de Prevenção e Controlo da Infecção VIH/sida 2007-2010, intitulado "um compromisso com o futuro", cujas metas são: a) diminuir a expressão da epidemia em Portugal; b) contribuir para a diminuição da dimensão mundial da epidemia. Da primeira meta consta o objectivo expresso de reduzir em 25% quer a incidência quer a mortalidade da *sida*; da segunda meta consta o objectivo de contribuir internacionalmente para a redução da transmissão do VIH e melhorar os cuidados e o apoio aos doentes infectados pelo VIH ou com *sida*, através da ajuda pública ao desenvolvimento.

Permanecendo embora como doença incurável e mortal, com os novos meios terapêuticos de que hoje dispomos a *sida* adquiriu uma evolução crónica, evolução essa que, por sua vez, veio colocar novos problemas. Um deles é a necessidade de integrar os doentes com *sida* na Rede Nacional de Cuidados Continuados Integrados (RNCCI). Mas, se a RNCCI não tem, de momento, uma resposta específica para este tipo de doentes, "esta é uma questão que está a ser analisada". As unidades da Rede poderão vir a integrar os doentes com *sida*, pois que o objectivo delas é "a manutenção de conforto e qualidade de vida, mesmo em situações irrecuperáveis" (InformaçãoSIDA, 2007a, p. 4).

---

[10] A 30 de Maio de 2001, o Professor Doutor Fernando Ventura seria eleito vice-presidente do Conselho de Coordenação do Programa da UNAIDS, adquirindo Portugal o estatuto de membro permanente da organização (Santos, 2002, p. 608).

[11] Resolução nº 173/2000, de 21 de Dezembro, D.R. nº 293, Série I-B, de 21 de Dezembro de 2000.

[12] Resolução nº 121/2003, de 20 de Agosto, D. R., nº 191, Série I-B, de 20 de Agosto de 2003.

[13] CNLCS (2005), Relatório de Actividades 2003-2004, Lisboa.

[14] Decreto Regulamentar nº 7/2005, de 10 de Agosto, D. R., nº 153, Série I-B, de 10 de Agosto de 2005.

4.10. Comunicar com os jovens

A adolescência e juventude constituem um período do desenvolvimento humano cujas características procurámos rever no Capítulo 1. Quando consideramos a necessidade de comunicar com os jovens, quando essa necessidade for a de transmitir mensagens preventivas e quando o âmbito das medidas preventivas for a sexualidade, não podemos comunicar da mesma forma que o fazemos com os adultos. O gosto pelo risco, a curiosidade e a falsa consciência de invulnerabilidade são factores que influenciam, muitas vezes de forma paradoxal, a forma como os adolescentes e jovens *lêem* as mensagens que lhes são dirigidas. Um conceito merece um especial tratamento nestas faixas etárias: o conceito de *risco*. A ideia de risco está mais associada à noção de desafio, ao incentivo a ultrapassar os próprios limites, do que, propriamente, à ideia de prejuízo potencial para a saúde ou para a vida, do próprio ou de terceiros.

Também o esforço de *formação* dos jovens merece uma atenção especial. Como diz Massano Cardoso, "num mundo caracterizado por tanta e tão diversificada informação (...), não observamos grandes modificações dos comportamentos. Os jovens e menos jovens continuam a expor-se a riscos altamente publicitados" (...) "Como explicar estas discrepâncias, estes paradoxos? Um crescente excesso de informação e uma profunda falta de conhecimento. É um erro considerar informação como sinónimo de conhecimento. O problema está na transformação da informação em conhecimento" (Massano Cardoso, 2005, p. 135). Esta transformação ocorre através da formação, de uma formação intelectual, afectiva, emocional e cívica, que tome em linha de conta as características desta faixa etária. "É preciso ensinar a separar a boa informação da má e encontrar pedagogos que saibam ajudá-los a incorporar nos seus hábitos e estilos de vida de forma a transformá-la em conhecimento. Deste modo, talvez seja possível inverter, ou, pelo menos, minimizar a tão flagrante ignorância em matérias de risco comportamental e estilos de vida" (ibidem).

CAPÍTULO 5

O PRESERVATIVO

5.1. O preservativo na História

O preservativo é tão antigo quanto os documentos escritos e pictográficos nos permitem recuar na sua origem. Há indícios da sua presença nas Civilizações Cretense, Egípcia [1], Chinesa e Romana (Lopes, 2003, p. 31). Porém, o seu uso moderno, como medida essencialmente preventiva da transmissão de doenças por via sexual, reporta-se ao Renascimento. Em 1564, o anatomista e cirurgião Gabrielle Fallopio descreve uma cobertura de linho para a glande que era capaz de evitar a infecção *gallica* (sífilis). Em 1700 fabricava-se preservativos de bexigas de animais ou de peles finas [2]. O preservativo masculino (*condom* [3]), produzido no início da era moderna, usou-se fundamentalmente para evitar as doenças venéreas. Mas a sua utilidade como contraceptivo era reconhecida [4]. Em 1726, Lord Hervey enviava a Henry Fox "uma dúzia de preservativos de esquentamento e impedimentos à procriação" (McLaren, 1997, p. 177). Em 1816, Dunlington descrevia preservativos feitos de bexiga de carneiro, enquanto na Europa, já no Séc. XX, continuavam a ser feitos de peles de animais e de seda. Algumas donas de casa sabiam fazê-los com tripas compradas no talho. Um certo embaraço acompanhava a sua posse e uso, já que os ingleses lhe chamavam *french letters* e os franceses *la capote anglaise*. (ibidem, p. 208).

---

[1] Em frescos dos túmulos egípcios de Karnac (XIX dinastia, 1350-1200 a.C.) aparece um homem com a ponta do pénis coberta com um carapuço (Vidal, 1994, p. 15).

[2] No Museu da Farmácia, em Lisboa, existe um preservativo do séc. XVIII.

[3] Para a etimologia do termo *condom* aplicado ao preservativo têm sido propostas várias explicações: entre elas, a mais conhecida, mas pouco provável, seria o nome (ou alcunha?) do médico de Carlos II de Inglaterra, que aconselhava o Rei a usar o preservativo como forma de reduzir o número de filhos ilegítimos; a mais interessante seria a cidade de Condom-dans-le-Gers, na Gasconha Francesa, cujos matadouros forneciam pedaços de intestino animal para proteger o sexo dos homens; uma outra, mais erudita e pouco provável, faz derivar "condom" do latim *condere*, "esconder", "proteger". Para outros ainda, a palavra derivaria do persa *kendü* ou *kondü*, um receptáculo feito de intestino animal e utilizado pelos camponeses para armazenar o trigo (Vidal, 1994, pp 15-46).

[4] A sorte do preservativo variou muito em função dos contextos da demografia em cada século. Assim, no séc. XVIII, em França, o uso do preservativo era encorajado porque "a limitação dos nascimentos será necessária consequência do aumento da esperança de vida. Já no séc. XX, no final da I Guerra Mundial, a mesma França defendia a reprodução a todo o custo, recompensando as famílias muito numerosas (Vidal, 1994, p. 30-31).

77

Em 1844, Goodyear e Hancock criam o processo de vulcanização da borracha, que levou ao aparecimento, em 1870, dos primeiros preservativos de borracha, mais resistentes e lisos do que os de membrana animal e relativamente baratos [5]. No entanto, eram ainda muito caros para as classes baixas, mesmo lavados, secos e voltados a usar... Além disso, eram tidos por inestéticos e impeditivos do prazer, um tanto ou quanto inseguros e incómodos (ibidem). Eram habitualmente testados pelo utilizador, que os enchia de ar ou de água. Mais ainda, a sua ligação à prostituição e às doenças venéreas diminuía-lhe a aceitação nos lares do Séc. XIX. Já no Séc. XX, a I Guerra Mundial tornaria o seu uso mais frequente, como forma de evitar doenças venéreas, o que contribuiu para o associar ainda mais à prostituição e ao sexo ocasional, por oposição ao casamento. Foram distribuídos milhões de preservativos e muitos recrutas receberam simultaneamente um curso intensivo de contracepção. A partir dos anos 30 do século passado, os preservativos de látex, mais confortáveis, começam a substituir os de borracha [6].

E nos finais dos anos 70, com o aparecimento da *sida*, deu-se um aumento exponencial da sua utilização, muito embora ainda longe de um uso suficientemente sistemático para estancar o alastramento da doença.

Mas a imagem do preservativo mudou. Ao contrário de uma certa imagem negativa que tinha até há pouco tempo, o preservativo passou a ter um significado positivo, sobretudo para os rapazes, já que tem uma conotação de virilidade. Para um rapaz, andar com preservativos na carteira, ainda que sejam só para estar na carteira, é sinal de que já iniciou a vida sexual. Mas, como diz Daniela Knauth, "devemos nos questionar ainda sobre quais são os limites dessas mudanças, pois enquanto para os rapazes o preservativo é símbolo de virilidade, para as meninas é, ao contrário, símbolo de promiscuidade sexual. [...]. Atualmente, ele é mais aceito, mas não necessariamente no sentido positivo, ou seja, é aceito para aquelas situações e parceiros(as) considerados(as) de risco" (Knauth, op. cit, p. 166).

5.2. A OMS e o preservativo

A investigação científica realizada pelas Instituições Nacionais de Saúde dos Estados Unidos e pela OMS tem demonstrado que "os preservativos, quando intactos, [...] são impermeáveis às partículas da dimensão dos agentes patogénicos responsáveis pelas IST, incluindo os mais pequenos vírus sexualmente transmissíveis".

Quatro meta-análises realizadas entre 1993 e 2002 revelaram que a taxa de segurança do preservativo oscila entre 69 e 94%. Por outro lado, estudos efectuados com casais sero-discordantes demonstraram que o uso do preservativo reduz em 90% a probabilidade de transmissão do VIH durante o sexo com penetração. Deste modo, e de acordo com a OMS, "a melhor conclusão que se pode tirar desses estudos é que o uso do preservativo de forma correcta e consistente reduz o risco de transmissão [do

---

[5] 5 dólares por cada dúzia.

[6] "Actualmente, os preservativos em látex acumulam sofisticadas características: lubrificação e toda a paleta de cores, sabores, tamanhos e feitios, sejam texturizados e com formatos especiais. Estão disponíveis um pouco por todo o lado, incluindo em máquinas distribuidoras automáticas" (Lopes, 2003, p. 33).

VIH] em cerca de 90%. Esta taxa pode até ser maior com uma utilização irrepreensível do preservativo, mas nunca atinge os 100%". Porém, a OMS (UNAIDS, 2004) esclarece: "uma eficácia de 90% não significa que a transmissão do VIH ocorra em 10% dos actos sexuais em que é usado o preservativo. De facto, o risco de transmissão é muito mais reduzido. Sendo o risco de transmissão sexual de 1:500 quando se tem uma relação sexual sem preservativo, ele passa a ser de 1: 5000 quando se usa o preservativo".

Face ao problema que consiste em o preservativo não ser 100% seguro, a OMS vem propondo um conjunto de medidas complementares, tais como:

– Abstinência (de qualquer actividade sexual ou de actividades sexuais de alto risco)
– Fidelidade (ter um só parceiro ou reduzir o número de parceiros)
– Uso do Preservativo de forma correcta e consistente.

Ao conjunto destas três recomendações está convencionado chamar-se "ABC da Prevenção do VIH", sendo "ABC" a sigla em inglês para "Abstinence", "Being Faithful" e "Condom Use" [7] (UNAIDS, 2004a, p. 4-16).

Nos anos 90, surgiram nos Estados Unidos movimentos que tentavam controlar a difusão das IST entre os jovens através da abstinência sexual. Numerosas organizações, com o apoio da política federal, procuravam levar os jovens a praticar a abstinência. E em 1993, o movimento cristão juvenil *True Love Waits* começou a incentivar os adolescentes e os jovens a comprometerem-se publicamente a manter a virgindade até ao casamento. Em 1995, 12% dos jovens dos Estados Unidos (ou seja 2,2 milhões) tinham já aderido ao compromisso público e solene de se manterem abstinentes.

Mas o efeito destas campanhas não foi exactamente o esperado. Em primeiro lugar, e antes do mais, porque os que tinham feito esses votos eram apenas 12% e estavam dependentes de haver no seu círculo de colegas e amigos que tivessem também aderido ao movimento. Em segundo lugar, se acontecia terem relações sexuais, os jovens tendiam a esconder a quebra do seu compromisso público e, por isso, não procuravam o apoio dos profissionais de saúde, não procuravam informação sobre métodos contraceptivos nem preventivos e também não estavam receptivos à informação sobre IST. E quando acontecia terem relações sexuais tendiam a não usar preservativo, dado que ter relações sexuais não fazia parte dos seus objectivos próximos. Desse modo, na ocasião imprevista, estavam muito mais indefesos do que os seus colegas e amigos que não tinham feito o voto de virgindade. Por outro lado, o conceito de virgindade, confundido com o conceito de abstinência [8], está muito conotado culturalmente com o sexo genital, pelo

---

que os adolescentes e jovens se envolviam noutros tipos de comportamentos sexuais que implicam a troca de fluidos, como o sexo oral e o sexo anal.

No estudo de Brückner e Beaman (2005), ao analisarem a prática de sexo oral e anal, verificaram que os que tinham feito voto de virgindade praticavam, proporcionalmente, muito mais o sexo oral e anal do que aqueles que não tinham feito o voto. Sendo sabido que no sexo oral quase nunca é usado o preservativo e que no sexo anal o preservativo é muito menos usado que no sexo vaginal, compreende-se que os adolescentes e jovens que tinham feito voto de virgindade e o quebraram se tenham exposto muito mais ao risco de IST do que os colegas e amigos que não o tinham feito. Deste tipo de estudos se depreende que a abstinência é um bom método de prevenção de IST, designadamente da infecção por VIH/*sida* quando tomado a nível individual, isto é, quando se considera apenas os que fazem voto de abstinência e o cumprem. Mas é um método de prevenção falível em termos de intervenção em saúde pública, tendo em conta os que não fazem esse voto, os que o fazem e não cumprem e, ainda, aqueles que tomam o voto de abstinência por um voto de virgindade.

A defesa da abstinência sexual, como estratégia isolada, estabelece uma meta irrealista, por várias ordens de razões: em primeiro lugar, o número de aderentes (12% nos Estados Unidos) é inferior às taxas de adesão ao preservativo; em segundo lugar, quem faz o voto de abstinência e o cumpre não tem qualquer garantia de reciprocidade por parte de um(a) futuro(a) companheiro(a); em terceiro lugar, porque quem faz o voto de abstinência e não o cumpre se expõe mais facilmente a situações de sexo desprotegido; e, finalmente, porque a mensagem e a defesa da abstinência competem, em pé de extrema desigualdade, com os apelos hedonistas e muito erotizados do meio sócio-cultural envolvente.

Não é, pois, uma estratégia que possa ser posta em prática isoladamente. Daí a necessidade de a complementar com, pelo menos, as outras duas estratégias defendidas pela OMS: a fidelidade e o uso do preservativo.

A fidelidade tem também as suas dificuldades. Em primeiro lugar, o objectivo das campanhas a favor da fidelidade é reduzir o número de parceiros sexuais ao longo da vida, estimulando a monogamia e a fidelidade mútua dos casais. Sabemos como os adolescentes e jovens, pelo menos nas primeiras fases da sua vida sexual, mudam de parceiro com alguma frequência e não estabelecem de imediato aquilo a que chamamos um casal. E na nossa sociedade actual, é frequente a ocorrência de mais do que um casamento ao longo da vida. Além disso, a fidelidade só resulta se ambos os companheiros foram consistente e mutuamente fiéis e se nenhum deles tiver contraído o VIH previamente.

O uso do preservativo, só por si, está longe também de constituir uma estratégia segura. A adesão ao uso do preservativo tem sido sempre insuficiente e está sujeita a múltiplos preconceitos de imagem e a factores circunstanciais que dificultam o seu uso consistente, como se verá ao longo do presente livro.

Mais do que uma matéria do campo estrito da prevenção sanitária, as estratégias para travar a disseminação do VIH têm estado no centro de um encarniçado combate ideológico. Por um lado, os conservadores, que tendem a privilegiar a abstinência e a fidelidade em detrimento do preservativo, cuja propaganda – dizem – tenderia a induzir comportamentos de risco; os liberais que, por outro lado, tendem a privilegiar as campanhas em favor do preservativo para salvaguardarem a liberdade sexual e de consumo, sem considerarem os comportamentos de risco a que conduz a sua visão liberal. A estratégia da OMS surge como uma proposta de compromisso entre estas duas posições extremas. Portugal tem alinhado sistematicamente pelas posições liberais, ao ponto de se privilegiar apenas o uso do preservativo como estratégia de contenção da epidemia de VIH/*sida*. Daí que, no nosso país, tanta gente considere que a abstinência sexual não oferece qualquer vantagem preventiva face à prática de relações sexuais com preservativo.

Parece-nos que a estratégia da OMS, como forma de intervenção em saúde pública, vale pela reunião das três medidas em conjunto e não por qualquer delas em particular. Mas será necessário complementá-la com o apelo à realização do teste de despistagem do VIH e com uma revisão das mensagens preventivas de forma a dar aos jovens uma noção real do problema.

2ª PARTE

O Uso e o Não Uso do Preservativo na População Universitária de Coimbra

CAPÍTULO 6

PROCEDIMENTOS METODOLÓGICOS

O interesse da escolha deste tipo de população reside no elevado nível de conhecimentos que é suposto ter sobre sexualidade e infecções sexualmente transmissíveis, designadamente VIH/*sida* e, ainda, por se tratar de uma população considerada mais vulnerável, estar no início da actividade sexual, ser inexperiente e se mostrar propensa à mudança de parceiros sexuais.

Com o presente estudo pretendemos conhecer a dinâmica e os determinantes do uso e não uso do preservativo e perspectivar novas formas de conceber e comunicar as mensagens preventivas na área da sexualidade juvenil universitária.

6.1. Objectivos gerais

- Caracterizar as práticas sexuais dos jovens universitários;
- Avaliar os conhecimentos que os jovens têm na área do VIH/*sida*;
- Avaliar o impacto das campanhas de prevenção do VIH/*sida* na consciência sanitária dos jovens universitários;
- Aportar novos elementos que se revelem pertinentes para a formulação de campanhas preventivas mais eficazes.

6.2. Objectivos específicos

- Avaliar a difusão das práticas preventivas, nomeadamente o uso do preservativo, entre os jovens universitários;
- Avaliar a evolução das práticas preventivas dos estudantes universitários ao longo da vida académica;
- Identificar os possíveis factores (atitudes, embaraço e conhecimentos) que influenciam, ou não, a utilização de métodos de prevenção, em especial o preservativo;
- Recolher a opinião dos jovens universitários sobre as campanhas de prevenção do VIH/*sida*,

– Identificar as formas e conteúdos de campanhas de prevenção do VIH/sida que mais se identifiquem com as características etárias, intelectuais e emocionais dos estudantes universitários.

6.3. População alvo e amostra de estudo

A população alvo foi constituída pelos estudantes que frequentavam as oito Faculdades da Universidade de Coimbra, cujas idades se compreendiam entre os 18 e os 24 anos. Tendo em conta o tipo de estudo e a necessidade de obtermos uma amostra significativa, optámos pelo método de amostragem não probabilística de natureza acidental. Os questionários foram preenchidos nas salas de aula, imediatamente antes do início ou pouco tempo antes do termo das aulas respectivas.

O *setting* em que as respostas foram recolhidas, a sala e o contexto de uma aula com a presença do respectivo professor, proporcionaram o necessário ambiente de concentração, seriedade e dignidade ao preenchimento do Questionário.

A recolha de dados decorreu nos meses de Fevereiro a Abril de 2007, pretendendo--se, assim, evitar os possíveis *enviesamentos* eventualmente provocados pela Queima das Fitas [1], que decorre habitualmente no início do mês de Maio.

A amostra do Estudo-Piloto foi constituída por 50 jovens universitários, com idades compreendidas entre os 18 e os 24 anos, que frequentavam as consultas do Centro de Atendimento de Jovens, do Centro de Saúde de Celas, Coimbra [2]. A amostra do Estudo foi constituída por 696 jovens universitários com idades compreendidas entre os 18 e os 24 anos, que à data da recolha frequentavam os primeiros e últimos anos das oito Faculdades da Universidade de Coimbra [3]. A escolha dos cursos de cada uma das Faculdades obedeceu ao método de amostra por conveniência.

Tratou-se de um estudo transversal, exploratório e descritivo-correlacional. A metodologia é de natureza quantitativa e qualitativa, tendo em vista tornar os dados válidos e assegurar uma representação da realidade.

Um dos instrumentos de medida mais adequados a este tipo de estudo é o protocolo- questionário.

---

[1] Estas festas académicas, com as suas conotações dionisíacas, poderiam afectar a análise dos hábitos sexuais dos alunos dos primeiros anos de universidade. De facto, como é sabido, é habitualmente nestas festas que ocorre a iniciação sexual de um bom número dos nossos universitários. Aliás, parecer-nos-ia muito pertinente um estudo sobre a repercussão das festas académicas nas *infecções sexualmente transmissíveis*, designadamente na infecção pelo VIH/*sida*.

[2] Para a realização do estudo-piloto, que decorreu no mês de Janeiro de 2007, participaram estudantes universitários das várias Faculdades da Universidade de Coimbra, da faixa etária dos 18 a 24 anos de idade, que recorreram ao Centro de Atendimento de Jovens, do Centro de Saúde de Celas, Coimbra. Assegurou-se, assim, que o pré-teste abrangesse uma população de características idênticas às da amostra final.

[3] Respectivamente, Faculdade de Medicina (Medicina e Medicina Dentária), Faculdade de Letras (Geografia e História), Faculdade de Direito (Direito e Administração Pública), Faculdade de Psicologia e Ciências da Educação (Psicologia e Ciências da Educação), Faculdade de Economia, Faculdade de Farmácia, Faculdade de Ciências e Tecnologia (Antropologia, Engenharia Civil e Engenharia do Ambiente) e Faculdade de Ciências do Desporto e Educação Física.

6.4. Instrumento utilizado

Após uma pesquisa exaustiva, concluímos que não existia ainda em Portugal nenhum instrumento de medida validado para avaliar as atitudes e o embaraço dos jovens face à utilização do preservativo como medida de protecção do VIH/*sida*. Aliás, o Plano Nacional de Prevenção e Controlo da Infecção VIH/*sida* aponta expressamente a necessidade de "*criar inquéritos e instrumentos de medição validados para a população portuguesa*" (CNsida, 2007, p. 34).

Para instrumento de colheita de dados elaborámos um Questionário de Auto-Resposta, dado que possibilita uma interferência mínima e distante do observador e permite, além disso, maximizar a privacidade de quem responde. Trata-se de um questionário constituído por questões fechadas (questões de resposta múltipla, questões dicotómicas e questões com formato de resposta tipo Likert) e por algumas questões abertas, recorrendo-se à análise temática do conteúdo para o tratamento de dados neste último caso. A complementaridade dos métodos quantitativo e qualitativo aumenta a fiabilidade dos resultados (Bardin, L., 1977).

O instrumento utilizado é composto por quatro partes.

A primeira parte compõe-se de uma breve introdução, referindo o nome do investigador e o objectivo principal do Questionário, apelando ao seu preenchimento e garantindo o anonimato e a confidencialidade dos dados recolhidos.

A segunda parte destina-se à recolha de informação sobre os dados pessoais e sócio-demográficos, à avaliação da percepção que o jovem tem sobre os seus próprios conhecimentos a respeito da sexualidade e as doenças a ela associadas, à recolha de dados sobre a experiência sexual do jovem, à recolha de dados sobre o comportamento sexual do jovem nos três meses anteriores e à avaliação das circunstâncias que determinam o uso ou não uso do preservativo pelo jovem.

A terceira parte compõe-se de questões abertas sobre as razões e motivos do uso e do não uso do preservativo e o juízo sobre a pertinência e a eficácia das campanhas de prevenção que têm sido feitas sobre a problemática do VIH/*sida*.

A quarta e última parte compõe-se de duas escalas e um teste por nós traduzido e adaptado para o idioma português de Portugal [4].

As características psicométricas originais das escalas e do teste, bem como as características psicométricas que encontrámos no estudo-piloto, são as seguintes:

6.4.1. *Sexual Risks Scale – Attitudes Toward Condom Use* (SRSA) (DeHart e Birkimer, 1997).

Esta escala pretende avaliar a atitude dos jovens face ao preservativo, isto é, a sua predisposição para aceitar ou não a utilização do preservativo. Especificamente, esta escala está concebida para ser usada no âmbito da prática de sexo seguro e da prevenção do VIH, enquanto escalas anteriores [5], também utilizadas neste tipo de

---

[4] Cunha-Oliveira, A., Cunha-Oliveira, J.A., Pita, J. R. e Massano Cardoso, S., (2006), não publicados.

[5] Ex°: *Attitude Toward Condom Scale* (ATC), de Idalin Brown (1984).

investigação, estavam mais vocacionadas para a avaliação das práticas contraceptivas (DeHart e Birkimer, 1997, p. 22).

A escala completa engloba 38 itens, com um formato de respostas tipo Likert, de 5 alternativas graduadas de *discordo fortemente* até *concordo fortemente*. Tem 5 sub-escalas. No nosso estudo utilizámos a sub-escala de atitudes, que contém 13 itens. Os itens 1, 3, 5, 6, 7, 8, 9, 11, 12 e 13 deverão ser pontuados de forma inversa.

As pontuações mais altas são indicadoras de uma pré-disposição mais favorável a práticas de sexo seguro.

O coeficiente *alpha* de Cronbach [6] encontrado no nosso estudo piloto foi de *0,72*, contra 0,88 da escala original.

6.4.2. *Condom Embarrassment Scale* (CES) (Vail-Smith e Durham, 1992).

Esta escala avalia o embaraço vivenciado quando é preciso adquirir preservativos, negociar a sua utilização com o parceiro sexual ou fazer uso efectivo do preservativo durante a relação sexual. O embaraço relacionado com o preservativo define-se como o desconforto psicológico, a auto-consciência e o sentimento de falta de à-vontade associados à compra, negociação do uso e uso do preservativo.

A CES engloba 18 itens, com formato de respostas tipo Likert, de 5 alternativas graduadas de *discordo fortemente* até *concordo fortemente*. Comporta três dimensões: a primeira relaciona-se com a aquisição, compra, obtenção ou posse de preservativos (itens 1, 2, 3, 4, 5, 6, 7 e 12); a segunda está associada à negociação do seu uso com o parceiro sexual (itens 8, 9, 10, 11 e 13); a terceira relaciona-se com o uso propriamente dito do preservativo (itens 14, 15, 16, 17 e 18).

A gama de pontuações finais da CES estende-se de 18 a 90, sendo que a pontuação 18 indica o nível mais baixo e 90 o nível mais alto de embaraço (Davis et al., 1992, p.137).

O coeficiente *alpha* de Cronbach encontrado no nosso estudo piloto foi de *0,82*, contra 0,92 da escala original.

6.4.3. *Assessment of Knowledge and Beliefs about HIV/AIDS among Adolescents* (Koopman e Reid, 1998).

Esta escala comporta dois sub-testes, em que o primeiro avalia os conhecimentos e o segundo avalia as *crenças* a respeito da prevenção do VIH/*sida*. No nosso estudo utilizámos o primeiro sub-teste, o Teste de Conhecimentos Sobre VIH/*sida* (*AIDS Knowledge Test*).

Este teste engloba 45 itens, com formato de respostas *verdadeiro-falso*.

O Teste de Conhecimentos sobre VIH/*sida* engloba três dimensões, respectivamente *conhecimentos médicos e científicos* (itens 1, 2, 3, 4, 5, 6, 8, 9, 10, 12, 15, 16, 17,

---

[6] O cálculo do coeficiente *alpha* permite avaliar até que ponto cada item da escala mede de forma equivalente o mesmo conceito. O seu valor é considerado bom se estiver situado entre 0,70 e 0,80 (Nunnally e Bernstein, 1995, cit. por Ilda Massano-Cardoso, 2003, p. 45-46).

20, 26, 31, 33, 34, 35, 36, 38, 39 e 41), *mitos sobre a transmissão do VIH* (itens 11, 23, 25, 27, 29, 32, 37, 43 e 45) e *conhecimentos sobre comportamentos de alto risco e comportamentos preventivos* (itens 7, 13, 14, 18, 19, 21, 22, 24, 28, 30, 40, 42 e 44). A pontuação final varia numa escala de um mínimo de 0% a um máximo de 100% de respostas certas.

O coeficiente de Kuder-Richardson [7] encontrado no nosso estudo piloto foi de *0,71*, contra 0,85 da escala original.

6.5. Construção do instrumento

O primeiro passo consistiu na elaboração de um Questionário original, na aquisição das Escalas e Teste e na solicitação e obtenção de autorização dos autores para a sua tradução e aplicação. As traduções foram feitas com base nos originais fornecidos pelos seus autores e foram seguidas de revisão por peritos no idioma inglês dos Estados Unidos e seguidas da respectiva retroversão.

Os procedimentos de tradução e retroversão permitiram constatar que não existem diferenças impeditivas da utilização deste instrumento em Portugal.

Observados os procedimentos legais e éticos, realizou-se um Estudo-Piloto numa amostra de 50 jovens universitários, estudo centrado na detecção de possíveis problemas de aplicação, compreensão e preenchimento dos instrumentos.

Procedeu-se em seguida à avaliação das propriedades psicométricas das escalas, nomeadamente a sua consistência interna (coeficiente *alpha* de Cronbach e coeficiente de Kuder-Richardson).

A avaliação preliminar de algumas das propriedades psicométricas das escalas e teste traduzidos revelou um conjunto de resultados de boa qualidade, quer do ponto de vista da validade quer do ponto de vista da fidedignidade, quantitativamente idênticos aos encontrados pelos autores dos instrumentos originais.

6.6. Procedimentos legais e éticos

O estudo definitivo realizou-se após Aprovação pelos Conselhos Directivos das oito Faculdades da Universidade de Coimbra, pela ARS do Centro e da pela Comissão de Ética da Faculdade de Medicina da Universidade de Coinbra. Foram exluidos os alunos com menos de 18 anos de idade, dado não terem capacidade legal para dar consentimento. Foram assegurados o anonimato e a confidencialidade das respostas.

---

[7] Através deste coeficiente de correlação avalia-se a consistência interna dos itens da escala entre si; a particularidade de utilização desta técnica encontra-se no tipo de teste, isto é, ser constituído por itens dicotómicos *sim* ou *não, verdadeiro* ou *falso* (Massano-Cardoso, I., 2003, p. 46). O coeficiente de Kuder-Richardson varia entre 0, 00 e 1,00.

6.7. Critérios de inclusão e de exclusão

Foram *incluídos* no estudo os estudantes universitários das oito Faculdades da Universidade de Coimbra que frequentavam os primeiros e os últimos anos [8] dos respectivos cursos, com idades compreendidas entre os 18 e os 24 anos de idade, que voluntariamente se dispuseram a colaborar no estudo.

Foram *excluídos* os estudantes com idades inferiores a 18 ou superiores a 24 anos, os que não se mostraram colaborantes, os que não preencheram completamente as Escalas e o Teste de Conhecimentos e os que, por qualquer outro motivo, nos levaram a considerar as respostas nulas.

6.8. Análise estatística e de conteúdo

Na transcrição e processamento dos dados colhidos utilizou-se o programa de *software* SPSS (*Statistical Package for Social Sciences*), versão 15.0.

Os métodos estatísticos utilizados foram a Estatística Descritiva (*frequências, medidas de tendência central*: média, mediana e moda; e medidas *de dispersão*: desvio-padrão e variância); e a Estatística Inferencial, nomeadamente através do uso de técnicas paramétricas [9], como o teste *t* e ANOVA e Estatística Correlacional e técnicas não paramétricas como o teste Qui-quadrado.

Utilizou-se como limiar de significância estatística (*p)* o valor de 0,05.

O número elevado de elementos da nossa amostra garante-nos a minimização de erros de amostragem [10], já que "grandes amostras conduzem a melhores aproximações aos parâmetros da população" (Fortin, 2000, p. 221).

Para o tratamento da informação obtida por meio das perguntas abertas efectuou-se a análise do respectivo conteúdo, na tentativa de dar a conhecer algumas propostas interpretativas dos dados recolhidos. Por análise dos dados entender-se-á o conjunto de procedimentos que é possível utilizar para lhes atribuir determinado significado, isto é, identificar temas, construir hipóteses e pesquisar evidências para os temas e hipóteses referidos (Oliveira et al., 2004, p. 18).

Trata-se de uma técnica para analisar a narrativa, ou seja, os conteúdos expressos pelos indivíduos quando descrevem as suas experiências. É um método laborioso que permite uma análise formal dos significados pessoais, de uma maneira que poucas técnicas permitem. Proporciona a utilização de um método exploratório para analisar material não estruturado em contextos sensíveis e permite lidar com uma larga quantidade de informação (ibidem, p. 55). No processo de análise de conteúdo o investigador refere

---

[8] Este critério foi seleccionado com o objectivo de permitir avaliar a evolução dos comportamentos preventivos dos jovens universitários ao longo do seu percurso universitário e em que sentido se dá essa eventual evolução.

[9] As técnicas *paramétricas* assumem o pressuposto de que os valores de uma variável têm uma distribuição normal e, ainda, pressupõem que os valores de uma variável se medem numa escala de intervalo ou rácio (Hill e Hill, 2005, p. 195).

[10] Por erro de amostragem entende-se a "diferença que existe entre os resultados obtidos junto de uma amostra e os que teriam sido obtidos se toda a população de onde proveio a amostra tivesse sido estudada" (Fortin, 2000, p. 336).

as ideias que lhe parecem estar subjacentes à elaboração das respostas, construindo conceitos e modelos, isto é, *categorias de respostas*, sendo estas discutidas e testadas com base no material empírico.

Optámos pela análise de conteúdo clássica, utilizando um painel de três juízes [11] que obteve a concordância suficiente para assegurar a consistência interna da análise [12].

A análise de conteúdo é uma classificação quantitativa do conteúdo, transferindo os dados obtidos para um sistema de categorias relacionadas com as hipóteses específicas ligadas ao conteúdo. Teoricamente, trata-se de um método neutro, uma vez que as categorias são determinadas pelos próprios dados.

---

[11] O painel foi constituído pela Professora Doutora Anabela de Sousa Pereira, pelo Professor Doutor João Rui Pita e pelo Mestre José Cunha-Oliveira.

[12] Segundo Krippendorf (1980), a concordância suficiente para assegurar a consistência interna das análises é de 90%.

CAPÍTULO 7

Apresentação e Discussão dos resultados

7.1. Caracterização sócio-demográfica

O estudo abrangeu uma população universitária das oito Faculdades da Universidade de Coimbra, sobretudo dos 1.º e 2.º e 4.º e 5.º anos dos respectivos cursos [1]. O universo dos alunos da Universidade de Coimbra, matriculados em Outubro de 2006, era de 18 228 [2]. Destes, abrangemos no nosso estudo 696 estudantes das 8 Faculdades, dos 18 aos 24 anos de idade, representando esta amostra 3,8 % do referido universo. Dos 696 estudantes inquiridos, 73% eram do sexo feminino e 27% do sexo masculino. Esta assimetria de género é comum neste tipo de estudos, reproduzindo o claro predomínio do sexo feminino entre a população universitária portuguesa.

Os estudantes da amostra tinham uma média de idades de 20,61 anos, e na sua maior parte eram provenientes dos estratos sócio-económicos médio e médio-baixo.

Os estudantes inquiridos referiram morar durante o periodo lectivo: sozinhos 53,4%; com os pais 24,0%; com outros familiares 8,3%; com colegas ou amigos 4,5%; com o(a) namorado(a) 4,5%; com a mãe 4,0%; com o pai 0,9%; com o(a) cônjuge 0,4%).

Quanto à religião encontrámos a seguinte distribuição: 80,7% declararam-se cristãos (de qualquer das variantes); 10,5% referiram ser ateus; e 6,3% disseram que não queriam saber disso.

7.2. Caracterização escolar

Dos 696 estudantes cujas respostas foram consideradas válidas, 20,5% pertenciam à Faculdade de Economia, 16,4% à Faculdade de Direito, 16,2% à Faculdade de Psicologia e Ciências da Educação, 14,7% à Faculdade de Farmácia, 14,4% à Faculdade

---

[1] O questionário foi distribuído em turmas de alunos inscritos numa dada disciplina. Essa disciplina, pertencendo a um dado ano do curso, podia ter alunos de anos subsequentes, que repetiam a disciplina ou que não a tinham concluído no respectivo ano, motivo por que aparecem alunos do 3º ano e, em menor escala, do 6º ano.

[2] Consulta: http://www.uc.pt/siteuc/ucn061.pdf, acedido em 13.06.2007.

de Letras, 9,3% à Faculdade de Ciências e Tecnologia, 5,8% à Faculdade de Medicina e 4,6% à Faculdade de Ciências do Desporto e Educação Física.

Quanto à distribuição dos estudantes pelo ano do Curso, 37,4% frequentavam o 1º ano, 23,6% frequentavam o 2º ano, 10,8% frequentavam o 3º ano, 9,6% frequentavam o 4º ano, 18,5% frequentavam o 5º ano, e 0,1% o 6º ano.

7.3. Práticas e comportamentos sexuais

Encontrámos uma percentagem de 22,1% de estudantes que nunca tinham tido relações sexuais de qualquer tipo [3] (genitais, orais e ou anais). O estudo de Valentim Alferes (2002) tinha encontrado 34,9% de virgens; o estudo da CNLCS (2004) encontrou 16,6%; e o estudo SIDAdania (2006) 18,8%. Aparentemente, pois, o número de estudantes que ainda não tiveram relações sexuais parece ter aumentado de forma gradual nos últimos três anos.

A maioria dos jovens universitários da nossa amostra referiu já ter iniciado a sua vida sexual. Verificámos que a média de idade às primeiras relações sexuais foi de 17,34 anos (M=17,34; DP=1,96), tendo os estudantes do sexo masculino iniciado a sua vida sexual um pouco mais cedo (M=16,84 anos) do que as suas colegas (M=17,55 anos). De notar que 14,6% dos estudantes da amostra tiveram as suas primeiras relações sexuais aos 15 anos ou menos (22,8% dos rapazes e 11,2% das raparigas).

Em outros estudos os valores encontrados são muito próximos: Alferes encontrou uma idade média de 17,67 anos e o estudo *SIDAdania* 16,96, para os dois sexos globalmente. Em relação à preferência sexual, o número de estudantes que referiram ter relações sexuais apenas com parceiros do mesmo sexo foi de 2,2%, com maior expressão nos rapazes (4,4% dos rapazes e 1,3% das raparigas). Comparando com estudos anteriores, verificamos que o valor encontrado é idêntico ao do estudo da CNLCS (2,0%), mas inferior ao do estudo SIDAdania (3,8%). Os valores encontrados no estudo SIDAdania são, por sua vez, semelhantes aos anteriormente encontrados por Alferes. 2,2% dos estudantes inquiridos referiram ter tido experiências de sexo em grupo ou com mais que um parceiro, também com predomínio dos estudantes do sexo masculino.

A prática sexual mais frequente entre os estudantes da amostra refere-se a relações sexuais genitais e orais (42,8%), seguida de relações genitais (32,3%) e de relações genitais, orais e anais (22,1%). Como vimos, no estudo de Alferes (2002), aproximadamente 65% dos inquiridos referia ter tido práticas de sexo oral-genital. Embora não se possa estabelecer uma correspondência exacta entre esse estudo e o nosso, o valor encontrado é muito semelhante, já que 66,4% dos estudantes por nós inquiridos referiu a prática de sexo oral-genital nas suas diversas combinações com outras práticas.

---

[3] No teste-piloto que efectuámos tivemos ocasião de constatar que os estudantes não consideravam como *relação sexual* a prática de sexo oral. Porque também é uma prática sexual com risco de transmissão de VIH, embora menor, tivemos que substituir a pergunta sobre se já tinham tido relações sexuais por se já tinham tido relações sexuais de qualquer tipo (genital, oral ou anal). Já Kátia Sanches (Sanches, op. cit.) tinha feito notar a necessidade de os instrumentos de pesquisa esclarecerem o que neles se considera como *relação sexual.*

Também Maria João Alvarez, no seu trabalho de 2005, refere que as práticas sexuais mais frequentes, "em contexto de namoro e de engate", foram o sexo genital e oral.

7.4. Número de parceiros sexuais

Quanto ao número de parceiros sexuais ao longo da vida, 50,1% referiram ter tido um parceiro, 32,2% tinham tido dois a três parceiros; e 12% cinco parceiros ou mais(M=2,62;DP=3,47). O estudo da CNLCS (2004) encontrou 29,75% de estudantes que referiram ter tido apenas um parceiro sexual ao longo da vida e 18% que referiram já ter tido mais do que cinco parceiros. O estudo SIDAdania (2006), por seu turno, encontrou 54,6% de estudantes universitários com dois a três parceiros sexuais ao longo da vida e 13,2% com dez ou mais parceiros.

Quanto ao número de parceiros sexuais nos últimos três meses, 75,3% referiram ter tido apenas um(a) parceiro(a), 3,7% tiveram dois parceiros e 1,9% mais de três parceiros (M=1,11; DP=0,50). 19,1% dos inquiridos referiu não ter tido nenhum parceiro sexual nos últimos três meses. Assim, a existência de mais que um parceiro ao longo da vida e nos últimos três meses é mais frequente nos rapazes. O estudo da CNLCS tinha encontrado que 59,1% dos estudantes haviam tido apenas um parceiro sexual nos últimos três meses e 15,7% não tinham tido nenhum.

7.5. Enquadramento afectivo das relações sexuais

Quanto ao enquadramento afectivo das relações sexuais, 77,1% referiram ter tido relações sexuais exclusivamente no contexto de namoro; 19,2% no contexto de namoro e de encontros ocasionais, e 3,7% exclusivamente em encontros ocasionais. As relações sexuais em encontros ocasionais, com ou sem existência paralela de namoro, são mais frequentes nos rapazes.

Tabela 2: Enquadramento afectivo das práticas sexuais

Enquadramento	Frequência	Percentagem
Namoro	418	77,1
Namoro e ocasionais	104	19,2
Ocasionais	20	3,7
Total	542	100,0

Por outro lado, o sexo é encarado por 75,6% dos estudantes da nossa amostra como uma experiência *afectiva e de prazer*, por 21,2% como uma experiência *principalmente afectiva* e 3,1% consideram o sexo *uma experiência de vida como outra qualquer* ou uma experiência de *puro prazer* (ver Tabela 3). Os dados por nós recolhidos espelham, com muita nitidez, o contexto afectivo em que os jovens estudantes universitários vivenciam a sua sexualidade. Já Alferes havia concluído no seu estudo que "o modelo actual da sexualidade pré-matrimonial [isto é, de solteiro] comporta a valorização do afecto como condição ou antecâmara do sexo" (Alferes, op. cit., p. 141).

Tabela 3: Que tipo de experiência é o sexo

Que experiência é o sexo	Frequência	Percentagem
Principalmente afectiva	115	21,3
Afectiva e de prazer	410	75,6
Puro prazer	6	1,1
Experiência de vida como qualquer outra	11	2,0
Total	542	100,0

30,7% dos inquiridos referiram namorar com a mesma pessoa há mais de dois anos (23,8% dos rapazes e 33,3% das raparigas); 11,8% entre um a dois anos (13,0% dos rapazes e 11,4% das raparigas); 8,7% entre seis meses e um ano (5,4% dos rapazes e 9,8% das raparigas); 7% entre três a seis meses (8,1% dos rapazes e 6,6% das raparigas); 2,6% namoram com a mesma pessoa há menos de um mês (3,8% dos rapazes e 2,2% das raparigas) e 39,2% referiram não ter namorado(a) (45,9% dos rapazes e 36,7% das raparigas).

7.6. O uso do preservativo entre os jovens

7.6.1. Evolução da utilização do preservativo

Relativamente ao uso do preservativo, 52,6% referiram usar sempre preservativo, 24,3% usaram-no no início da vida sexual mas ultimamente não, 12,4% nunca o usaram e 3,7% referiram usá-lo mais ultimamente. Comparando estes resultados com o estudo SIDAdania (2006), numa amostra semelhante à do presente estudo, verificamos que no estudo SIDAdania, 59,2% referiram usar sempre preservativo e 5,2% nunca. No entanto, os dados da nossa amostra apontam para que 42,5% dos estudantes namoram com a mesma pessoa há mais de um ano, o que servirá para justificar o não uso do preservativo nas relações sexuais [4].

Na primeira relação sexual 70,4% dos inquiridos usou o preservativo como método preventivo (92,4% dos rapazes e 62,1% das raparigas) e 22,9% usaram a pílula e o preservativo. Nos últimos três meses [5] 50,0% referiram ter usado sempre o preservativo, 31,1% nunca o usaram, 10,2% usaram às vezes e 5,6% usaram-no quando não

---

[4] No seu estudo com 600 jovens universitárias do Rio de Janeiro, Kátia Sanches (Sanches, op. cit.) encontrou uma frequência de utilização do preservativo nas últimas cinco relações sexuais de 43,3%. Sanches explica: "A baixa frequência do uso de preservativos nessa amostra parece estar mais associado à natureza do relacionamento. O relato de uma relação *estável* ou *duradoura* faz com que os preservativos sejam menos utilizados ou usados apenas com o intuito primário de prevenir uma gravidez indesejável".

[5] Segundo Catania et al. (1990), citados por Alvarez (op. cit., p. 373), "há fortes indicações de que os relatos se tornam menos exactos quando a retrospectiva solicitada é muito superior a dois meses".

conheciam bem o parceiro. Quanto ao último encontro sexual [6], os nossos resultados revelaram que 60,4% dos inquiridos usaram preservativo e 39,6% não usaram. Comparando estes dados com os do Estudo SIDAdania (2006) (1233 participantes), que encontrou uma percentagem de 64,3%, e com estudo da CNLCS (2004) (4693 participantes), que havia encontrado 46,1%, estes valores parecem sugerir um aumento do uso do preservativo entre a população universitária.

Verificámos que o uso do preservativo, seja na primeira relação sexual, seja ao longo da vida, nos últimos três meses, ou na última relação sexual *é sempre mais frequente nos rapazes do que nas raparigas*. Este facto foi também constatado por Alferes (1997), Fernández et al. (2004), Knauth (2004) e Teixeira et al. (2006).

Tabela 4: Género e uso consistente do preservativo

Género	Primeira vez		Ao longo da vida		Últimos três meses		Última relação	
	Freq[a]	%	Freq[a]	%	Freq[a]	%	Freq[a]	%
Masculino	122	**92.4**	90	57.3	61	50.0	104	65.8
Feminino	216	**62.1**	194	50.7	164	50.0	224	58.2
Total	328	70.4	284	52.6	225	50.0	328	60,5

7.6.2. Uso do preservativo e ano de curso

Por outro lado, ao estudarmos o uso do preservativo pelos estudantes do 1º e 2º ano e pelos estudantes do 4º e 5º anos, verificámos que os alunos do 1º e 2º anos referiram mais vezes *usar sempre* o preservativo ao longo da vida e tê-lo usado na última relação sexual do que os alunos do 4º e 5º anos de curso, sendo essas diferenças altamente significativas do ponto de vista estatístico. Porém, são os alunos do 1º e 2º anos que, comparados com os do 4º e 5º anos, mais vezes referem *nunca* terem usado preservativo ao longo da vida e não o terem usado na última relação sexual, o que também é altamente significativo do ponto de vista estatístico.

Estes achados podem explicar-se pelo facto de os alunos do 1º e 2º anos não terem ainda relacionamentos estáveis, o que os faz considerar mais a necessidade de protecção. Embora sejam também eles os que mais se expõem desnecessariamente a riscos.

Parece haver um certo consenso sobre a diminuição do uso do preservativo com o aumento da idade (CNLCS, 2004, p. 11). Mas os estudos que se referem a esta realidade não diferenciam o progressivo não uso do preservativo com o aumento da idade, que se deve ao estabelecimento de relações afectivas estáveis, daquele não uso do preservativo que ocorre em relações sexuais ocasionais.

---

[6] As *Guidelines for Second Generation HIV Surveillance – 2000* da ONUSIDA contemplam a última relação sexual como um indicador epidemiológico do comportamento sexual dos jovens.

Tabela 5: Uso do preservativo e ano de curso

Uso do preservativo		Ano do curso				χ^2	p
		1º e 2º anos		4º e 5º anos			
		Freqª	%	Freqª	%		
Ao longo da vida	Sempre	172	**68,8%**	78	31,2%	12,447	0,014**
	Nunca	28	51,9%	26	48,1%		
Últimos três meses	Sempre	131	**65,8%**	68	34,2%	4,937	0,294[NS]
	Nunca	61	54,0%	52	46,0%		
Última vez	Sim	193	**66,3%**	98	33,7%	27,003	0,0001**
	Não	107	58,5%	76	41,5%		

** muito significativo para $p < 0,01$
NS: sem significado estatístico

7.6.3. Número de parceiros sexuais e uso do preservativo

Também verificámos que o uso ou não uso do preservativo não esteve dependente do número médio de parceiros sexuais, embora se tenha verificado que quem teve mais parceiros sexuais também usou mais o preservativo [7].

Os estudantes que usaram mais o preservativo ao longo da vida tinham em média mais parceiros sexuais (M=2,66 parceiros) do que os estudantes que não usaram (M=2,28 parceiros), mas esta diferença não é estatisticamente significativa (t=0,835 gl=536; p=0,404) (ver Tabela 6). Os estudantes que usaram preservativo na última relação sexual tinham em média mais parceiros sexuais (M=2,64 parceiros) do que os estudantes que o não usaram (M=2,56 parceiros), mas esta diferença não foi estatisticamente significativa (t=0,264; gl=537; p=0,792) (ver Tabela 7).

Ou seja, o uso ou o não uso do preservativo não depende, de uma forma estatisticamente significativa, do número médio de parceiros sexuais, embora seja de notar que o uso do preservativo aumenta com o aumento do número médio de parceiros

Tabela 6: Média do número de parceiros e uso do preservativo ao longo da vida

Usaram preservativo	N	Média do número de parceiros	Desvio padrão	t	gl	p
Sim	471	2,6624	3,65866	0,835	536	0,404[NS]
Não	67	2,2836	1,65882			

NS: sem significado estatístico

---

[7] No entanto, sem significado estatístico.

Tabela 7: Média do número de parceiros e uso do preservativo na última relação sexual

Usaram preservativo	N	Média do número de parceiros	Desvio padrão	t	gl	p
Sim	326	2,6442	3,85296	0,264	537	0,792[NS]
Não	213	2,5634	2,79689			

NS: sem significado estatístico

7.6.4. Principais motivos invocados para o não uso do preservativo

Questionados sobre os motivos de o uso do preservativo não ser uma prática sistemática entre os jovens, apesar de saberem que o seu uso é fundamental para prevenir IST /VIH/*sida*, 55,9% referiram a *confiança no parceiro* e 19,9% o facto de as relações sexuais serem *acontecimentos não programados*. Isto significa que, como adiante veremos, a componente afectiva, emocional e irracional é indissociável da sexualidade e que, por outro lado, ainda não é uma prática comum e vulgar os jovens trazerem o preservativo consigo.

Tabela 8: Motivos para não usar preservativo

Motivos para não usar preservativo	Masculino		Feminino	
	Frequência	Percentagem	Frequência	Percentagem
Confiança no(a) parceiro(a)	105	55,3	284	56,1
Relações sexuais não são programadas	43	22,9	95	18,8
Efeito do álcool ou outras drogas	17	9,0	63	12,4
Não há razão para desconfiar do(a) parceiro(a)	8	4,3	34	6,7
Nem sempre se pode pensar em tudo	7	3,7	8	1,6
Efeito da paixão	5	2,8	9	1,8
Outros	4	2,0	13	2,6
Total	188	100,0	506	100,0

7.6.5. Tempo de relacionamento amoroso e uso do preservativo

Quanto ao tempo de relacionamento amoroso e uso do preservativo, os estudantes que mais referiram usar *sempre* preservativo ao longo da vida foram os que não tinham namorado(a) ou que namoravam há menos de um ano; os que namoravam há mais de dois anos foram os que referiram mais não terem usado preservativo ao longo da vida. No que concerne ao uso do preservativo na última relação sexual, verificámos que os estudantes que referiram não ter namorado(a) foram aqueles que mais usaram o preservativo (81,3%), enquanto que os estudantes que namoravam há mais de dois anos foram os que mais referiram não o usar. Todas estas relações se revelaram altamente significativas do ponto de vista estatístico. Daqui se pode inferir que *um relacionamento de namoro superior a dois ano é preditor do não uso do preservativo*, facto já constatado por Alvarez para relacionamentos de namoro de duração igual ou superior a seis meses (Alvarez, op. cit., p.395).

Tabela 9: Tempo de namoro e utilização do preservativo ao longo da vida

Uso do preservativo ao longo da vida	Duração da relação de namoro						Total
	<1 mês	3 a 6 meses	6 meses a 1 ano	1 a 2 anos	> 2 anos	Não tem namorado	
Sempre	3,5%	8,5%	9,6%	14,5%	24,5%	**39,4%**	100%
No princípio sim, agora não	1,5%	7,6%	13,0%	13,7%	**52,7%**	11,5%	100%
Ultimamente mais	5,0%	5,0%	5,0%	10,0%	35,0%	**40,0%**	100%
Quando pode	2,0%	10,5%	13,2%	7,9%	36,8%	28,9%	100%
Não usa	0,0%	7,5%	4,5%	16,4%	**67,2%**	4,5%	100%
Percentagem média	2,6%	8,2%	9,9%	13,9%	37,9%	27,5%	100%

	Valor	gl	*p*
Qui-Quadrado de Pearson	87,047	20	0,0001**

** muito significativo para *p* < 0,01

Tabela 10: Tempo de namoro e utilização do preservativo na última relação sexual

Uso do preservativo na última relação	Duração da relação de namoro						Total
	< 1 mês	3 a 6 meses	6 meses a 1 ano	1 a 2 anos	> 2 anos	Não tem namorado	
Sim	3,7%	8,9%	9,8%	13,5%	26,7%	**37,4%**	100%
Não	0,9%	7,0%	9,8%	14,4%	**54,9%**	13,0%	100%
Sem relações sexuais	2,8%	2,8%	4,2%	4,2%	3,5%	**82,4%**	100%
Percentagem média	2,6%	7,1%	8,6%	11,9%	30,7%	39,1%	100%

	Valor	gl	*p*
Qui-Quadrado de Pearson	204,327	10	0,0001**

** muito significativo para *p* < 0,01

Todos estes dados revelam que os jovens de hoje usam mais o preservativo do que se usava há duas ou três décadas [8]. Porém, a expressão prática do seu uso na

---

[8] "Que mudanças podemos vislumbrar a respeito do impacto da epidemia de AIDS sobre o comportamento sexual dos jovens? Eu acho que a primeira dessas mudanças é a maior aceitabilidade do preservativo. Diferente de uma geração anterior, poucos jovens hoje se queixam de que usar camisinha é 'chupar bala sem papel' e, também são poucos que nunca usaram camisinha e não sabem manusear um preservativo. O preservativo não é, assim, necessariamente associado à diminuição do prazer e, mesmo que o uso não seja continuado, como deveria ser, é um uso de certa forma calculado: nas situações de maior risco se usa, nas situações consideradas de menor risco não se usa. Mas, de qualquer forma, há uma maior familiaridade dos jovens com o preservativo" (Knauth, op. cit., p. 165).

prevenção da transmissão do VIH/*sida* é ainda claramente insuficiente. Mantém-se mesmo a tendência dos jovens estudantes para pôr reservas ao uso do preservativo e, consequentemente, para se exporem ao risco de transmissão das IST, designadamente ao VIH/*sida*.

7.6.6. Locais de aquisição do preservativo: onde e quem adquire

Quanto aos locais onde os preservativos são adquiridos (ver Tabela 11), verificámos que 50,2% são adquiridos nas *farmácias*, 23,0% nos *supermercados*, 6,7% nas *máquinas de venda automática*, 5,9% no *Centro de Atendimento de Jovens (CAJ)* e apenas 4,8% no *Centro de Saúde*. Constata-se, assim, que *apenas 10,7% procuram os serviços de saúde para adquirir [gratuitamente] os preservativos*, sendo essa procura ligeiramente maior no sexo feminino. Este dado é novo, na medida em que não encontrámos estudos em que fosse abordada esta questão, e remete-nos para a necessidade de encontrar os lugares mais adequados à disponibilização dos preservativos aos jovens, de melhorar a informação sobre os locais onde essa disponibilização existe ou, ainda, de melhorar as condições de atendimento dos jovens nesses locais, tornando-os mais adequados e atractivos [9].

Tabela 11: Locais de aquisição do preservativo e género

Local de aquisição	Masculino		Feminino	
	Frequência	Percentagem	Frequência	Percentagem
Farmácia	71	46,7	191	51,6
Centro de Saúde	7	4,6	18	4,9
Supermercado	40	26,3	80	21,6
Máquinas automáticas	14	9,2	21	5,7
Sex shop	1	0,7	1	0,3
CAJ	7	4,6	24	6,5
Não sabe	12	7,9	35	9,4
Total	152	100,0	370	100,0

No que respeita a quem compra ou adquire o preservativo (ver Tabela 12), o nosso estudo revelou que 46,0% dos inquiridos refere ser *o parceiro* e 31,0% *o próprio*. Os que responderam "o parceiro" foram na sua maioria (62%) raparigas; os que responderam "o próprio" foram na sua maioria (77,0%) rapazes. Daqui se infere que as raparigas tomam muito poucas vezes a iniciativa da aquisição. A este respeito diz Kátia Sanches (Sanches, op. cit.): "Pode-se supor que o ato de comprar preservativos estaria mais associado aos *tabus* e preconceitos relacionados à atividade sexual. Com relação às mulheres, a sua compra [...] pode significar que a mulher é sexualmente ativa, que está disponível ou procurando por sexo. Isso [a compra do preservativo pela mulher] pode contradizer as

---

[9] Locais onde haja o envolvimento e a participação dos jovens (ARSC, 2006, p. 56). Os CAJ, criados pela Portaria nº 52/85, de 26 de Janeiro, na sequência da Lei nº 3/84, de 24 de Março, são apenas um desses locais.

normas aceitas, segundo as quais a mulher, perante a sociedade, deve ocupar um lugar sexualmente passivo". No entanto, esta explicação é apenas aparente ou parcial. As raparigas compram a pílula contraceptiva, e tomam-na, sem estes constrangimentos. E o significado da compra da pílula, de trazê-la na bolsa e de a tomar será virtualmente o mesmo de comprar, trazer consigo ou usar o preservativo. Parece-nos, antes, que o que está em causa são as conotações de género, em que a pílula se situa do lado das representações do imaginário feminino e o preservativo do lado masculino.

Tabela 12: Iniciativa de aquisição do preservativo e género

Iniciativa	Masculino		Feminino	
	Frequência	Percentagem	Frequência	Percentagem
Parceiro(a)	11	7,2	228	**62,0**
O(a) próprio(a)	117	**77,0**	44	11,9
Oferta	3	2,0	5	1,4
Ambos	21	13,8	91	24,7
Total	152	100,0	368	100,0

7.6.7. A atitude face ao uso do preservativo

No nosso estudo verificámos que as raparigas têm, estatisticamente, uma atitude mais favorável face ao uso do preservativo do que os rapazes (ver Tabela 13); que quanto mais favorável é a atitude das raparigas face ao preservativo menor é o seu embaraço na aquisição; que a uma atitude mais favorável corresponde um menor embaraço na negociação, em ambos os sexos. Por seu turno, o embaraço associado ao uso efectivo do preservativo não depende de uma atitude mais favorável. Isto poderá querer dizer que o uso efectivo do preservativo é uma decisão partilhada, enquanto que a aquisição e a negociação dependem de decisão individual. (ver Tabela 15)

Tabela 13: Comparação das médias dos grupos masculino e feminino em função da atitude face ao preservativo

Género	N	Média na escala de atitude	Desvio padrão	t	gl	P
Masculino	188	45,0532	8,55853	-3,957	694	0,0001**
Feminino	508	47,8996	8,37719			

** muito significativo para $p < 0,01$

Mas, por outro lado, os estudantes que mostraram ter uma atitude mais favorável também usaram efectivamente mais o preservativo na última relação sexual, independentemente do embaraço sentido ou não no seu uso (ver Tabela 14).

Como atrás vimos, já em 1996 Cruz, J. et al. tinham verificado que os jovens que tencionavam utilizar o preservativo na próxima relação sexual eram aqueles que tinham uma atitude mais favorável e positiva face ao preservativo.

Isto parece querer dizer que uma atitude favorável face ao uso do preservativo é preditora da sua utilização. O que deverá ter repercussão na forma e no conteúdo das campanhas de prevenção, tanto mais que, como vimos um dos principais obstáculos ao uso do preservativo é o preservativo em si mesmo.

Tabela 14: Comparação das médias da escala de atitudes face ao preservativo e o uso e não uso do preservativo na última relação sexual

Uso do preservativo na última relação sexual	N	Média na escala de atitude	Desvio padrão	t	gl	P
Sim	328	47,7591	8,17320	5,412	541	0,0001**
Não	215	43,7628	8,77254			

** muito significativo para p< 0,01

7.6.8. O embaraço face ao preservativo

Verificámos que as raparigas apresentaram médias de embaraço global superiores às dos rapazes. Decompondo o embaraço nas suas três dimensões, *aquisição, negociação do uso* e *uso efectivo*, verificámos que as raparigas também apresentaram uma média de embaraço na aquisição superior à dos rapazes, mas estes superam as raparigas quanto ao embaraço na negociação do uso e no uso propriamente dito, o que se revelou como altamente significativo do ponto de vista estatístico.

Tabela 15: O embaraço face ao preservativo e o género

	Masculino n=188		Feminino n=508			
	M	DP	M	DP	t	P
Total Embaraço	35,56	11,41	37,54	10,44	-2,159	0,031*
Aquisição	17,48	6,77	20,75	6,87	-5,596	0,0001**
Negociação	8,73	3,26	8,14	2,98	2,249	0,025*
Uso Efectivo	9,35	3,90	8,64	3,77	2,185	0,029*

*significativo para *p*< 0,05
** muito significativo para *p*< 0,01

Em seguida, procurámos determinar em que situações ou locais era maior o embaraço na aquisição de preservativos, através da análise dos itens 2, 3 e 4 da Escala de Embaraço, ou seja, as três situações ou locais que tornam a aquisição mais embaraçosa. Verificámos que essas três situações e/ou locais são, por ordem decrescente, um *local perto da casa dos pais*, a *presença de determinadas pessoas* e o *interior da Faculdade*. Os valores encontrados para o desconforto em adquirir o preservativo dentro da Faculdade (40,8% dos 696 estudantes da amostra) constituem um achado de algum modo surpreendente, tanto mais que se lhe juntarmos os *indecisos* (cuja resposta traduz algum potencial de embaraço) a percentagem de estudantes que se sentiriam ou poderiam sentir embaraçados ao adquirir preservativos dentro da Faculdade sobe para 56,3%.

. Uma explicação pode residir no facto de a Faculdade ser um local onde ocorre a *presença* [embaraçosa] *de certas pessoas*. A presença de *certas pessoas* no momento da compra dos preservativos é motivo de embaraço para 47,2% dos estudantes da amostra, valor que pode atingir 62,4% se lhe juntarmos a resposta *indeciso*, a qual admite, implicitamente, algum potencial de desconforto.

Tabela 16: Embaraço e aquisição do preservativo dentro da Faculdade

Embaraçar-me-ia comprar preservativos dentro da Faculdade	Frequência	Percentagem
Concordo fortemente	84	12,1
Concordo	200	28,7
Indeciso	108	15,5
Discordo	186	26,7
Discordo fortemente	118	17,0
Total	696	100,0

Para 42,7% dos estudantes da amostra, valor que pode atingir 62,4% se lhe juntarmos a resposta *indeciso*, a presença de *certas pessoas* é geradora de um potencial de desconforto na aquisição de preservativos Talvez a colocação de máquinas de distribuição automática em lugar de maior privacidade, como as casas de banho, possa, de algum modo, contornar esta dificuldade.

Tabela 17: Embaraço e aquisição do preservativo na presença de certas pessoas

Embaraçar-me-ia comprar preservativos na presença de certas pessoas	Frequência	Percentagem
Concordo fortemente	70	10,1
Concordo	258	37,1
Indeciso	106	15,2
Discordo	161	23,1
Discordo fortemente	101	14,5
Total	696	100,0

7.6.9. Percepção da segurança do preservativo

Quanto à percepção da segurança (eficácia) do preservativo, 79,7% dos inquiridos consideram o preservativo um método de prevenção *muito seguro* ou *bastante seguro*, sendo esta percepção ligeiramente mais positiva nas raparigas. Refira-se aqui que no estudo de Lucas (1987), numa população adulta, apenas 19% dos inquiridos acreditavam na eficácia real do preservativo; e no estudo de Almeida et al. (2005) 28% dos adolescentes consideravam o preservativo "muito seguro" e 65% "um tanto seguro".

Tabela 18: Percepção da segurança do preservativo e género

Percepção	Masculino		Feminino	
	Frequência	Percentagem	Frequência	Percentagem
Muito seguro	49	**26,1**	162	**31,9**
Bastante seguro	97	**51,6**	247	**48,6**
Seguro	40	21,3	96	18,9
Pouco seguro	2	1,1	3	0,6
Total	188	100,0	508	100,0

7.7. Relações sexuais sob efeito do álcool ou de outras drogas

Nem só o sexo desprotegido constitui um comportamento de risco. O consumo de álcool e de outras drogas psicoactivas é também um factor que leva a negligenciar a prevenção. No estudo de Alferes (2002, p. 157), "os comportamentos e atitudes sexuais [dos jovens] parecem estar associados à frequência de lugares públicos de divertimento (bares e discotecas)". O Plano Nacional de Saúde 2004-2010 (Ministério da Saúde, 2004a, p. 16), entre os *settings* prioritários de intervenção ao nível da prevenção e redução dos riscos da transmissão do VIH, inclui os locais de lazer e diversão nocturna.

No nosso estudo encontrámos 29,0% dos estudantes que referiram ter tido *ocasionalmente* relações sexuais sob o efeito do álcool ou de outras drogas e 1,9% que referiram ter tido *frequentemente* relações sexuais sob o efeito dessas substâncias. Este tipo de comportamento é claramente predominante no sexo masculino.

Como já atrás referimos, outros investigadores têm mencionado este tipo de comportamento juvenil de risco, como Cruz et al. (1997), Matos et al. (2003), Camargo e Barbará (2004), Geluda et al. (2006) e Parkes et al. (2007)

Tabela 19: Relações sexuais sob efeito de álcool ou outras drogas e género

Ocorrência	Masculino		Feminino	
	Frequência	Percentagem	Frequência	Percentagem
Nenhuma	89	56,3	286	74,5
Ocasional	64	**40,5**	93	24,2
Frequente	5	3,2	5	1,3
Total	158	100,0	384	100,0

Por outro lado, há um número importante de universitários(30.8%) que desconhece a interferência do álcool e outras drogas no uso sistemático do preservativo No item 44 do Teste de Conhecimento sobre VIH, *"As pessoas que consomem álcool e drogas, como a marijuana, a cocaína e o crack têm mais tendência para não praticar sexo seguro"*, erraram 30,9%, ou seja 215 de 696 jovens universitários inquiridos. Trata-se de um valor elevado, que já tem sido referido em estudos nacionais e estrangeiros. No Brasil, por exemplo, Kátia Sanches (Sanches, op. cit.), no seu estudo com jovens universitárias do Rio de Janeiro, refere que "elas praticamente desconhecem a interferência do álcool e drogas no uso sistemático dos preservativos".

7.8. Teste de despistagem do VIH

Verificámos que 30,4% dos estudantes disseram já ter feito o teste de despistagem do VIH. O estudo de Alvarez (2005), em estudantes universitários, tinha detectado apenas 12% de testes de VIH e o estudo SIDAdania (2006), também realizado numa população universitária, encontrou 26,8%. Recentemente, um estudo conjunto da CNsida e da APIFARMA (InformaçãoSIDA, 2007b, pp. 30 e 31), numa amostra representativa da população de ambos os sexos com mais de 18 anos de idade, encontrou 27% de pessoas que tinham realizado já o teste de VIH. Este valor reporta-se à população geral e não especificamente à população universitária, tida como mais informada.

Parece, pois, haver uma tendência crescente para a realização do teste de despiste do VIH, se bem que ainda muito aquém do que seria desejável.

No que respeita a terem já contraído alguma IST, 3,0% dos estudantes da amostra disseram que *sim*, sendo 3,4% do sexo feminino e 1,9% do sexo masculino.

7.9. Os conhecimentos dos jovens sobre VIH/*sida*

7.9.1. Aspectos gerais

Tal como noutros estudos (SIDAdania, 2006), verificámos que o nível de conhecimentos sobre VIH/*sida* entre os estudantes da nossa amostra é elevado (média de 17,00 valores, para uma escala de 0 a 20), mas também que esse nível de conhecimentos tem uma tradução insuficiente nos comportamentos sexuais e na prevenção de riscos. 50,6% dos estudantes inquiridos situam-se mesmo acima dos 17 valores e apenas 1,4% obtiveram uma pontuação abaixo dos 10 valores. Mas no que respeita à auto-percepção do nível de conhecimentos sobre VIH/*sida*, apenas 24,7% referiram que o seu nível de conhecimentos é *muito bom*, o que está claramente abaixo da performance real (50,6% de notas superiores a 17 valores), e 3,5% referiram que o seu nível de conhecimentos é *algum* ou *nenhum*, contra 1,4% de pontuações abaixo de 10 valores. Daqui se pode inferir que os estudantes têm uma auto-percepção sub-valorativa dos seus conhecimentos reais, embora os seus conhecimentos reais sejam insuficientes para determinar um comportamento defensivo.

Comparando com o estudo SIDAdania, que incluía um teste de conhecimentos semelhante, e no qual 50% dos estudantes inquiridos se situaram num nível médio de conhecimentos de 15,0 valores, verificamos que o *score* por nós encontrado é claramente superior.

No entanto, tal como se refere no estudo SIDAdania, os altos níveis de *performance* encontrados podem ser enganosos, na medida em que as questões colocadas não têm todas a mesma importância em termos de potencial de risco. O erro em certos itens apenas revela ignorância, enquanto que o erro noutros itens pode ser preditor de comportamentos de risco. Entre os itens cuja resposta errada é preditora de comportamentos de risco destacamos, por ordem de frequência:

– *A maioria das pessoas portadoras de VIH estão doentes com sida* – 50,6% de respostas erradas;
– *É mais seguro não fazer sexo do que ter relações sexuais usando preservativo* – 44,8% de respostas erradas;
– *As pessoas que consomem álcool e drogas, como a marijuana, a cocaína e o crack, têm mais tendência a não praticar sexo seguro* – 30,9% de respostas erradas;
– *Podes morrer de sida se apanhares a doença* – 29,7% de respostas erradas;
– *O número de homens e mulheres infectados com VIH será provavelmente menor nos próximos anos* – 29,6% de respostas erradas;
– *Pouco tempo depois de terem apanhado o VIH é habitual as pessoas ficarem muito doentes com sida* – 28,0% de respostas erradas;
– *O VIH aparece no sémen* – 26,3% de respostas erradas;
– *Não há perigo de apanhares o VIH e contraíres a sida se fizeres sexo oral sem preservativo* – 18,1% de respostas erradas;
– *Os homens têm mais probabilidade de contrair a sida se tiverem relações sexuais com mulheres do que se tiverem relações sexuais com homens* – 7,2% de respostas erradas;
– *As mulheres têm mais probabilidade de contrair a sida se tiverem relações sexuais com um homem estritamente heterossexual do que com um homem bissexual* – 7,2% de respostas erradas;
– *Fazer sexo anal sem preservativo é uma das práticas sexuais mais seguras que há* – 5,3% de respostas erradas.

Tabela 20: Os 15 itens com mais respostas *erradas* no teste de conhecimentos sobre VIH/*sida*

A maioria das pessoas portadoras de VIH está doente com *sida*	50,6%
É mais seguro não fazer sexo nenhum do que ter relações sexuais usando preservativo	44,8%
Basta um teste de VIH positivo para teres a certeza de que estás infectado(a)	42,0%
Pode-se apanhar o VIH, e depois contrair a *sida*, ao dar sangue	40,2%
Para prevenir o VIH, melhor do que usar apenas o preservativo será usá-lo com um espermicida	38,2%
As pessoas que consomem álcool e drogas, como a marijuana, a cocaína e o *crack*, têm mais tendência a não praticar sexo seguro	30,9%
Podes morrer de *sida* se apanhares a doença	29,7%
O número de homens e mulheres infectados com VIH será provavelmente menor nos próximos anos	29,6%
Pouco tempo depois de terem apanhado o VIH é habitual as pessoas ficarem muito doentes com *sida*	28,0%
Há pessoas que apanharam o VIH e contraíram a *sida* através de picadas de insectos	26,7%
O VIH aparece no sémen	26,3%
Um teste negativo para os anticorpos VIH significa que provavelmente a pessoa tem *sida*	20,7%
Não há perigo de apanhares o VIH e contraíres a *sida* se fizeres sexo oral sem preservativo	18,1%
Se tiveres um teste falso positivo para o VIH, isso significa que estás infectado	17,5%
Pode-se apanhar o VIH, e depois contrair a *sida*, através de um golpe ou de uma ferida aberta	17,2%

Tabela 21: Os 15 itens com mais respostas *certas* no teste de conhecimentos sobre VIH/*sida*

A maioria das pessoas que contraem a *sida* costuma curar-se	98,6%
A utilização do preservativo faz diminuir a probabilidade de se contrair a *sida*	97,7%
A *sida* diminui a capacidade de resistência do organismo às doenças	97,4%
Ainda que te possa mentir, é sempre bom perguntares à pessoa com quem vais ter relações sexuais qual o seu passado sexual	97,3%
Qualquer pessoa, independentemente da sua raça, pode apanhar o VIH e contrair a *sida*	96,7%
As mulheres grávidas estão protegidas contra o VIH	96,7%
Um bebé de mãe portadora de VIH pode contrair a *sida*	96,4%
Se um teste de VIH for negativo significa que a pessoa tem *sida*	95,7%
Há pessoas que apanharam o VIH e contraíram a *sida* por terem nadado numa piscina utilizada por alguém que tinha *sida*	95,3%
O VIH circula no sangue	95,1%
Há pessoas que apanharam o VIH e contraíram a *sida* por terem ido comer a um restaurante onde um dos empregados tinha *sida*	95,1%
Mesmo com aspecto de pessoa saudável, um(a) parceiro(a) infectado(a) pode transmitir o VIH	95,0%
As prostitutas de Lisboa têm uma baixa probabilidade de apanhar o VIH	94,8%
Fazer sexo anal sem preservativo é uma das práticas sexuais mais seguras que há	94,7%
As pessoas com *sida* podem, por isso, contrair outras doenças	94,0%

Apesar do seu alto nível de conhecimentos sobre VIH/*sida*, é preocupante o nível de concepções erradas que encontrámos nos jovens universitários quanto ao modo de transmissão do VIH. Assim, 40,2% dos inquiridos consideram que o VIH pode ser transmitido ao dar sangue [10]; 26,7% pensam que o VIH pode ser transmitido por picadas de insectos; 13,2% acham que o VIH pode ser contraído em sanitas públicas; 4,9% pensam que podem contrair o VIH num restaurante onde um dos empregados tenha *sida*; e 4,7% receiam poder contrair o VIH numa piscina que tenha sido utilizada por alguém que tenha *sida*.

As respostas ao Questionário revelaram que 97,7% dos inquiridos reconhece que a utilização do preservativo faz diminuir a probabilidade de se contrair a *sida* e 95,0% concordam que mesmo com um aspecto saudável um parceiro infectado pode transmitir o VIH. Estes valores estão muito próximos dos encontrados no estudo da CNLCS, de 2004 (98,7% e 97,0%, respectivamente). Mas sendo estas duas questões que deveriam motivar a prática sistemática de sexo protegido, o certo é que não o fazem. E a realidade é que os estudantes se vêem a eles próprios como estando livres de risco.

Na verdade, quanto à percepção do risco pessoal, 99,1% dos inquiridos disseram que o risco que corriam de terem contraído o VIH era *nenhum* ou *muito pouco*.

Esta avaliação de um baixo risco pessoal foi também encontrada por Kátia Sanches (op. cit.). De notar que a percepção do risco se mostrou independente do nível de conhecimentos sobre VIH/sida .

No Plano Nacional de Prevenção e Controlo da Infecção VIH/sida 2007-2010 refere-se que "há escassa consciência de que a infecção [por VIH] constitua um grave problema para o país, que a SIDA constitua um real problema grave de saúde pública em Portugal"(CNsida, 2007, p. 18).

---

[10] Esta é uma ideia comum entre os cidadãos europeus.

Esta falta de consciência encontra-se, como se vê, difundida mesmo onde o nível de conhecimentos é muito elevado. Tendo embora níveis de informação muito bons, os jovens universitários continuam com uma muito reduzida auto-percepção de risco pessoal. A melhor explicação para este facto é, provavelmente, pensarem que é um problema dos outros. Mas como é com esses *outros* e *outras* que eles têm relações sexuais, e como, de um modo geral *confiam nos parceiros*, é necessário admitir que não entram nessa avaliação *todos os outros*, mas apenas *certos outros*; isto é, os estudantes universitários parecem partilhar um conceito algo difuso e pouco estruturado de *grupos de risco* e utilizar uma "grelha" *ad hoc*, intuitiva, para avaliarem um potencial *parceiro de risco*. E a conclusão óbvia é que os estudantes não se reconhecem a si mesmos nem reconhecem os seus parceiros como parceiros de risco. A explicação parece residir nos mecanismos de atracção interpessoal inerentes às relações de intimidade, entre os quais se incluem, como diz Valentim Alferes, "a *beleza física*, as *semelhanças interpessoais* e as *apreciações (avaliações) positivas*" (Vala e Monteiro, 1997, p. 139). Deste modo, alguém que fosse detectável como portador de uma doença transmissível dificilmente reuniria condições para ser desejado ou aceite como parceiro sexual. Porém, a invisibilidade da infecção por VIH durante um longo período de tempo permite que os mecanismos de atracção interpessoal funcionem como se nada de anormal se passasse.

7.9.2. Nivel de conhecimentos sobre VIH/sida e Faculdade a que os alunos pertencem

Procurámos averiguar se o nível de conhecimentos dos estudantes estava ou não relacionado com a Faculdade em que faziam o seu Curso. Assim, verificámos que os *scores* mais elevados no teste de conhecimentos foram os dos alunos das Faculdades de Medicina, de Farmácia e de Ciências do Desporto e Educação Física (todos os alunos destas Faculdades tiveram pontuações acima de 17,2 valores) e que os *scores* mais baixos se verificaram nas Faculdades de Direito e de Economia (todos os alunos destas Faculdades tiveram pontuações abaixo de 16,5 valores (M=38,17; DP=3,61)).

Tabela 22: Diferença de médias de conhecimentos sobre VIH entre os alunos das diferentes Faculdades

Faculdades	N	Subset para alpha=0,05		
		1	2	3
Direito	114	37,3772		
Economia	143	37,3846		
Ciências e Tecnologia	65	37,7538	37,7538	
Psicologia e Ciências da Educação	113	38,0885	38,0885	
Letras	86	38,0930	38,0930	
Ciências do Desporto e Educação Física	32	38,9375	38,9375	38,9375
Farmácia	102		39,3137	39,3137
Medicina	41			40,7317
p		0,158[NS]	0,158[NS]	0,058[NS]

NS: sem significado estatístico

Nota: à média de 38,17 corresponde a classificação de 19,96 valores numa escala de 0 a 20.

O teste ANOVA permitiu-nos afirmar que as médias de conhecimentos diferem consoante a Faculdade, de forma estaticamente significativa (ver Tabela 23).

Quando procurámos saber em que dimensão se diferenciavam os *scores* no teste de conhecimentos (teste de comparação múltipla de Tukey), verificámos que os alunos da Faculdade de Medicina e os das Faculdades de Farmácia e de Ciências do Desporto e Educação Física apresentaram *scores* mais elevados em todas as três dimensões (conhecimentos científicos, *mitos* e conhecimentos sobre comportamentos de risco e prevenção) mas que as diferenças só tinham significado estatístico na dimensão *mitos* sobre a transmissão do VIH/*sida* para os alunos da Faculdade de Medicina. Isto significa que os alunos que obtiveram *scores* mais elevados no teste de conhecimentos não se diferenciaram estatisticamente na dimensão *conhecimentos científicos e médicos* nem na dimensão *conhecimentos de comportamentos preventivos e de risco*, apenas se destacando significativamente na percepção correcta das formas de transmissão do VIH/*sida*, matéria onde os chamados *mitos* se manifestam com mais intensidade.

Os scores diferenciais dos alunos da Faculdade de Medicina na dimensão *mitos* sobre a transmissão do VIH/*sida* dever-se-á, provavelmente, mais ao curriculum específico do curso que frequentam do que a uma eventual melhor resposta aos apelos das campanhas sanitárias.

Tabela 23: Resultados da ANOVA para as três sub-escalas de conhecimentos sobre VIH

Sub-escalas		Soma dos quadrados	gl	Quadrado da média	F	Sig.
Dimensão *conhecimentos médicos e científicos*	Entre grupos	164, 621	7	23,517		
	Dentro dos grupos	3310,707	688	4,812	4,887	0,001**
	Total	3475,328	695			
Dimensão *mitos* sobre a transmissão do VIH/*sida*	Entre grupos	48,392	7	6,913		
	Dentro dos grupos	1263,158	688	1,836	3,765	0,001**
	Total	1311,550	695			
Dimensão conhecimentos sobre *comportamentos de prevenção e de risco*	Entre grupos	40,782	7	5,826		
	Dentro dos grupos	1135,695	688	1,651	3,529	0,001**
	Total	1176,477	695			

** muito significativo para $p < 0,01$

7.9.3. Teste de conhecimentos sobre VIH/sida e ano do curso (2 primeiros anos *versus* 2 últimos anos)

Procurámos saber se existem diferenças entre as pontuações médias no teste de conhecimentos do 1º e 2º ano dos cursos e as dos 4º e 5º anos. Para isso, utilizámos o teste não paramétrico de Mann-Whitney (que constitui a alternativa mais comum aos testes *t* para amostras independentes), dado não haver homogeneidade da distribuição da variância (teste de Levene: F=0,390; *p*=0,5329).

Em média, os alunos do 4º e 5º anos de curso tiveram uma média de pontuação no teste de conhecimentos sobre VIH/*sida* (M=352,04) superior à média de pontuação dos alunos dos 1º e 2º anos (M=291,30), sendo esta diferença *altamente significativa* do ponto de vista estatístico (*p*=0,0001)

Tabela 24: Conhecimentos sobre VIH/*sida* e ano de curso

	Ano do curso	N	Rank médio	Soma dos ranks
Conhecimentos sobre VIH/*sida*	1º e 2º anos	424	291,30	123510,50
	4º e 5º anos	196	352,04	68999,50
	Total	620		

	Conhecimentos sobre VIH
U de Mann-Whitney	33410,500
Z	-3,944
p	0,0001**

** muito significativo para *p*< 0,01

7.9.4. Conhecimentos sobre VIH/sida e percepção de risco pessoal

De seguida procurámos averiguar de que forma o nível de conhecimentos se relaciona com a percepção de risco pessoal. Já vimos que a percepção de risco pessoal é muito baixa e que a *performance* no teste de conhecimentos é muito alta. Procurando a diferença estatística entre o nível de conhecimentos e a percepção do risco, verificámos que não há diferenças estatisticamente significativas (X^2=0,621; *p*=0,431).. Ou seja, a percepção do risco pessoal não parece estar influenciada pelo nível de conhecimentos sobre VIH/*sida*.

Tabela 25: Relação entre o nível de conhecimentos sobre VIH/sida e a percepção do risco pessoal

Nível de conhecimentos	Percepção do risco		Total
	Sem percepção	Com percepção	
Com conhecimento	335	2	337
Sem conhecimento	342	4	346
Total	677	6	683

	valor	gl	*p*
Qui-Quadrado de Pearson	0,621	1	0.431[NS]

NS: sem significado estatístico

7.10. Relações entre a atitude e o embaraço face ao preservativo e o nível de conhecimentos sobre VIH/*sida*

7.10.1. Atitude e embaraço face ao preservativo

Procurámos saber se uma atitude favorável ao preservativo determina um menor embaraço na sua aquisição, negociação e uso efectivo. Determinámos o coeficiente de correlação de Pearson para estudar a correlação entre duas variáveis (a atitude e o embaraço face ao uso do preservativo).

Quanto mais favorável é a atitude face ao preservativo, menor é o nível de embaraço, sendo esta correlação, do ponto de vista estatístico, *altamente significativa* (r = -0,145; *p*=0,0001).

Decompondo a categoria *embaraço* nos seus três factores, *aquisição, negociação* e *utilização*, verificámos que: quanto mais favorável é a atitude face ao preservativo, menor é o embaraço na aquisição, sendo esta correlação, do ponto de vista estatístico, *altamente significativa* apenas para o género feminino [(masc.: r = -0,132, *p*=0,070); (fem.: r = -0,125, *p= 0,005)]; que quanto mais favorável é a atitude face ao preservativo menor é o embaraço na negociação do seu uso, sendo esta correlação, do ponto de vista estatístico, *altamente significativa* para ambos os géneros [(masc.: r = -0,251; *p*=0,001), (fem.: r = -0,223; *p*=0,0001)]; e que quanto mais favorável é a atitude face ao preservativo menor é o embaraço associado ao seu uso efectivo em ambos os géneros, mas esta correlação *não tem significado estatístico* [(masc.: r = -0,067; *p*=0,360); (fem.: r = -0,022; *p*=0,626) (ver Tabela 26).

Uma atitude mais favorável corresponde um menor embaraço na negociação, em ambos os sexos. Por seu turno, o embaraço associado ao uso efectivo do preservativo não depende de uma atitude mais favorável. Isto poderá querer dizer que o uso efectivo do preservativo é uma decisão partilhada, enquanto que a aquisição e a negociação dependem de decisão individual.

7.10.2. Conhecimentos sobre VIH e embaraço face ao preservativo

Em seguida, procurámos saber se um maior nível de conhecimentos sobre VIH/*sida* determina um menor embaraço face ao preservativo. Determinámos o coeficiente de correlação de Pearson para estudar a correlação entre duas variáveis (o conhecimento e o embaraço).

Com o aumento do nível de conhecimentos sobre VIH/*sida*, o embaraço ligado ao preservativo diminui, sendo esta correlação, do ponto de vista estatístico, *altamente significativa* (r = -0,122; *p*=0,001).

Dividindo o embaraço face ao preservativo nas suas três dimensões, *aquisição, negociação do uso* e *uso efectivo*, verificámos que quanto maior é o nível de conhecimentos menor é o embaraço na sua aquisição em ambos os sexos, mas esta correlação não é estatisticamente significativa [(masc.: r = -0,104; p=0,157); (fem.: r = -0,059; p=0,188)]; que quanto maior é o nível de conhecimentos menor é o embaraço na negociação em ambos os sexos, mas esta correlação só é estatisticamente significativa para os rapazes [(masc.: r =-0,170; p=0.020), (fem.: r = -0.081; *p*=0,069)]; e que quanto maior é o nível dos conhecimentos menor é o embaraço do uso propriamente dito em ambos os sexos, sendo esta correlação, do ponto de vista estatístico, *altamente significativa* [(masc.: r = -0,203; *p*=0,005); (fem.: r = -0,121; *p*=0,006)] (ver Tabela 26).

Procurámos ainda averiguar se a um nível maior de conhecimentos sobre VIH/*sida* corresponde ou não um menor embaraço na aquisição, na negociação do uso e no uso efectivo do preservativo. Verificámos que quanto maior é o nível de conhecimentos menor é o embaraço para o uso efectivo do preservativo em ambos os sexos, sendo esta correlação altamente significativa do ponto de vista estatístico. E que quanto maior é o nível de conhecimentos menor é o embaraço na negociação do uso do preservativo, no caso dos rapazes. No caso das raparigas não se encontrou uma correlação com significado estatístico.

Relativamente à aquisição do preservativo verificámos que não existe qualquer correlação com significado estatístico com o nível de conhecimentos, em ambos os géneros. Ou seja, o nível de conhecimentos, isto é, a informação sobre VIH/*sida* não influencia os rapazes nem as raparigas no sentido de se sentirem menos embaraçados na aquisição do preservativo, nem influencia as raparigas no sentido de sentirem menos embaraço no momento de negociar o seu uso; mas um nível maior de conhecimentos determina um menor embaraço, em ambos os sexos, no uso propriamente dito do preservativo. Isto significa que por detrás da aquisição e da negociação do uso do preservativo persistem condicionamentos sociais e de género [11], aos quais os indivíduos estão submetidos. "E se não trabalharmos com esses condicionamentos, pouco vamos interferir nos comportamentos individuais, porque eles não são um mero espelho da vontade das pessoas" (Knauth, op. cit, p. 164).

7.10.3. *Mitos* sobre a transmissão do VIH e conhecimento dos comportamentos de prevenção

Por fim, procurámos saber se uma menor influência do factor *mitos* sobre a transmissão do VIH determina, ou não, um conhecimento mais correcto sobre os comportamentos de prevenção e de risco. Determinámos o coeficiente de correlação de Pearson para estudar a correlação entre duas variáveis (*mitos* e conhecimentos dos comportamentos de prevenção e de risco).

---

[11] "A menina que anda com preservativo na bolsa é considerada *galinha* e, portanto, não é confiável. Desta forma, embora o preservativo não esteja mais associado à ideia de não prazer, ele ainda permanece vinculado à ideia de promiscuidade, de sujeira e de não confiabilidade [...]. Ainda existe um certo receio de que a proposta para uso da camisinha seja vista como uma ofensa. Os rapazes afirmam frequentemente que não podem solicitar à namorada o uso do preservativo, pois *o que ela vai achar? Vai achar que eu estou desconfiando dela.* Para as meninas, se elas pedem, são avaliadas negativamente, muitas vezes dizer: *eu tenho camisinha na bolsa,* o parceiro pode responder: *quem tu é, que tem camisinha na bolsa?* E nesse sentido, o preservativo ainda é, entre os jovens, uma experiência bem mais masculina do que feminina" (Knauth, op. cit., p. 166).

Quanto maior é o *score* na sub-escala de *mitos*[12] maior é o conhecimento de comportamentos preventivos e de risco correctos (r = 0,213; *p*=0,0001), sendo esta correlação altamente significativa do ponto de vista estatístico (ver Tabela 26).

Isto significa que a um nível de conhecimentos mais precisos e libertos dos *mitos* sobre VIH/*sida* corresponde um conhecimento mais correcto dos comportamentos preventivos e de risco.

Tendo estudado a hipótese de os *mitos* associados à transmissão do VIH/*sida* poderem influenciar os conhecimentos sobre comportamentos preventivos e de risco, designadamente do uso do preservativo nas relações sexuais, verificámos que as ideias correctas sobre o modo de transmissão do VIH/*sida* se relacionam de forma positiva e estatisticamente muito significativa com o conhecimento correcto dos comportamentos preventivos e de risco, incluindo o uso e o não uso do preservativo.

Tabela 26: Matriz de correlações de Pearson entre as escalas de atitudes e de embaraço face ao preservativo e teste de conhecimentos sobre VIH e suas sub-escalas

		Conhecimentos VIH				Atitudes	Embaraço			
		Total	Conhecimentos médicos	Mitos	Comportamentos preventivos e de risco	Total	Total	Aquisição	Negociação	Uso
Conhecimentos VIH	Total	1,0								
	Conhecimentos médicos	** 0,848	1,0							
	Mitos	** 0,666	** 0,337	1,0						
	Comportamentos preventivos e de risco	** 0,614	** 0,279	** 0,213	1,0					
Atitudes	Total	NS 0,042	NS 0,050	NS -0,028	NS 0,060	1,0				
Embaraço	Total	** -0,122	** -0,146	NS -0,053	NS -0,033	** -0,145	1,0			
	Aquisição	NS -0,059	** -0,103	NS -0,008	NS -0,037	* -0,092	** 0,855	1,0		
	Negociação	** -0,111	** -0,106	NS -0,037	* -0,087	** -0,240	** 0,659	** 0,298	1,0	
	Uso	** -0,148	** -0,137	** -0,104	NS -0,065	NS -0,046	** 0,717	** 0,335	** 0,505	1,0

* significativo para *p*< 0,05
** muito significativo para *p*< 0,01
NS: sem significado estatístico

---

[12] Na escala utilizada, um *score* elevado na sub-escala de *mitos* indica um grau de conhecimento correcto mais elevado.

7.11. Dialogar sobre a sexualidade

Na análise do conteúdo das questões abertas, verificámos que cerca de dois terços dos jovens que responderam disseram que preferiam *falar com amigos ou colegas* quando tinham alguma questão a esclarecer sobre sexualidade [13], o que está de acordo com as características psico-emocionais desta fase da vida (ver Capítulo 1.). Cerca de um terço preferiam *falar com o(a) namorado(a)*. Mas apenas 7,7% referiram que recorreriam a um *profissional especializado* ou a um *serviço de saúde*. Este facto tem sido encontrado por outros investigadores e é reconhecido pela própria Direcção-Geral da Saúde. "É comum considerar-se que os adolescentes sub-utilizam os recursos colocados à sua disposição, ou fazem-no de forma inadequada; afirma-se que têm relutância em informar-se e pedir ajuda junto dos técnicos e que desconhecem o tipo de oferta das várias estruturas; admite-se que temem as atitudes dos profissionais, nomeadamente, quebras de confidencialidade que façam depender a aproximação aos cuidados de experiências anteriores vividas e que se sintam desenquadrados nos serviços, em particular os rapazes" (DGS, 2005, p. 22). Pensa-se que o facto de os jovens não recorrerem aos profissionais de saúde para falar sobre a sua sexualidade se deve, em grande medida, a encararem as estruturas de saúde como locais vocacionados sobretudo para tratar doenças; ou, se calhar, porque têm dificuldade em compreender a sua sexualidade como algo abrangível no modelo médico [14], [15].

"Não adianta falar em DST e AIDS se não falar de sexualidade como um todo e, mais do que isso, não adianta tratar a sexualidade apenas sob o viés do risco, porque não é só risco, mas também prazer. A sexualidade do jovem nos serviços de saúde é sempre vista sob esse viés do risco: é o risco de engravidar, é o risco de pegar DST e AIDS, é o risco de usar drogas. Ou seja, a sexualidade do jovem não é percebida a partir do seu aspecto positivo, como fonte de prazer e auto-estima, como um domínio importante para o processo de autonomização dos jovens. Então, não se pode ver os jovens e sua sexualidade apenas sob o viés do risco; o risco tem de ser inserido numa discussão mais ampla, porque sexualidade também é prazer" (Knauth, op. cit., p. 167). Como atrás vimos, no estudo de Frasquilho (1998) conclui-se que, para o

---

[13] Esta abertura dos jovens para os amigos e colegas serviu de base à chamada *Educação pelos pares*. O Relatório Preliminar do Grupo de Trabalho de Educação Sexual (GTES, 2005, p. 64 e 65) refere: "sabe-se que muitos jovens fumam com os amigos, bebem com os amigos, consomem drogas com os amigos, mas por outro lado praticam desportos com os amigos, conversam com os amigos, pedem conselhos aos amigos. Uma aposta em termos de promoção da saúde não poderá ignorar esta cultura juvenil. (...) O recurso aos pares para intervenções preventivas *entre-pares* necessita de algum esforço organizativo, de formação e supervisão, mas é sem dúvida um recurso relevante".

[14] Apesar disso, o PNS 2004-2010 (Ministério da Saúde, 2004a, p. 16) estabelece que "os serviços de saúde serão um setting a privilegiar na sensibilização e formação".

[15] "É na adolescência e juventude que os comportamentos de risco, seja em relação à sexualidade ou aos consumos de drogas, nomeadamente injectáveis, se iniciam ou se consolidam, e que se situam os maiores índices de incidência da infecção pelo VIH.

O lugar da educação pelos pares na promoção da saúde em geral, e da prevenção da SIDA em particular, tem vindo, nos anos 90, a ganhar credibilidade, à medida que as abordagens baseadas no modelo médico, centradas na informação especializada e na intervenção estruturada, a partir de cima ou do topo para a base, se têm mostrado ineficazes" (Meneses, 1998, p. 12).

jovem, "o domínio da sexualidade é mais cotado como problema do que como área propensa a criar saúde".

Tabela 27: Dados relativos à questão *com quem dialogas sobre sexualidade*

Dimensão de análise	Categorias de resposta	Sub-categorias	Exemplos	Frequência	Percentagens*
Com quem dialoga sobre sexualidade N=674	Amigo (s) ou colega (s)			455	67,5%
	Namorado/a, parceiro/a, cônjuge			208	30,9%
	Pais n=110 16,3%	Mãe		78	11,4%
		Ambos		26	4,0%
		Pai		6	0,9%
	Irmão, irmã			54	8,0%
	Profissional de saúde específico /especializº.			52	7,7%
	Ninguém			42	6,2%
	Familiar			17	2,5%
	Outros		[16]	2	0,3%

o total ultrapassa 100%, uma vez que foi aceite mais do que uma categoria como resposta

7.12. Como evitar IST e VIH

É importante realçar que 79% dos estudantes que responderam à questão aberta sobre quais os procedimentos a adoptar para evitar IST e a infecção por VIH/*sida* tenham referido ser necessário *usar sempre preservativo* e que 21,6% pensem que é necessário ter-se uma *sexualidade selectiva*.

"Na Europa, 20% da população refere ter alterado o seu comportamento em resposta à epidemia do HIV, em particular os indivíduos mais jovens. Em Portugal e em Espanha, este ajustamento comportamental foi menos relatado do que noutros países europeus. Os dois comportamentos preventivos mais referidos pelas pessoas dizem respeito ao uso do preservativo e à selecção do parceiro sexual. A abstinência ou a desistência de determinadas práticas sexuais em resposta ao HIV raramente é mencionada" (Alvarez, 2005, p. 82). No nosso estudo, uma parte muito significativa (44,8% dos estudantes da amostra) mostrou estar convencida de que fazer sexo com preservativo é mais seguro do que não fazer sexo . De facto, a abstinência sexual não parece recolher uma grande aceitação entre os jovens. No entanto, no estudo de Cruz et al. (1997) os estudantes haviam apontado como três estratégias principais o uso do preservativo (81,1%), a fidelidade (49,1%) e a abstinência sexual (apenas 13,5%).

---

[16] "Com quem se confia"; "logo se vê".

Preocupante é que 6,5% dos que responderam no nosso estudo tenham dado como medida para evitar IST e VIH/*sida* a prática de *contracepção oral*, o que parece indiciar que uma faixa não desprezível de universitários estabelece confusão conceptual entre contracepção e prevenção de doenças. Este facto, naturalmente da esfera do género feminino, explica-se pela colocação da gravidez inoportuna em lugar de destaque nas prioridades preventivas das jovens universitários, mas denota uma despreocupação perigosa face aos riscos de IST e sida.

Tabela 28: Dados relativos à questão *procedimentos para evitar IST*

Dimensão de análise	Categorias de resposta	Exemplos	Frequência	Percentagens*
Procedimentos para evitar IST e infecção por VIH/*sida* N=661	Usar sempre preservativo	[17]	522	79,0%
	Sexualidade selectiva	[18]	143	21,6%
	Diagnóstico e acompanhamento médico	[19]	95	14,4%
	Protecção ou evitamento de situações de risco		77	11,6%
	Melhorar a informação	[20]	55	8,3%
	Fazer contracepção oral	[21]	43	6,5%
	Outros	[22]	33	5,0%

* o total ultrapassa 100%, uma vez que foi aceite mais do que uma categoria como resposta

7.13. O significado da *sida*

Verificámos que 47,1% dos que responderam à questão aberta sobre o que significa a *sida* acham que esta é uma d*oença contagiosa crónica e mortal*; 18% pensam que é uma *doença que afecta o sistema imunitário*; 16,3% acham que é, simplesmente, uma *doença contagiosa*; e 7,4% pensam que se trata de uma *doença aguda mortal*. E é preocupante que 16,8% dos universitários que responderam à questão pensem que se trate de uma doença que não mata necessariamente, que não mata, que em si mesma não mata, ou que mata apenas por interpostas doenças. A isso nos referiremos quando descrevermos o que entendemos por *novos mitos sobre a sida*.

---

[17] "É necessário o uso do preservativo em todas as relações sexuais". Questionário nº. 345.

[18] "Escolher o parceiro com quem se tem relações, de forma bastante ponderada, ter o mínimo de parceiros sexuais e um comportamento adequado relativamente à actividade sexual". Q. 304.

[19] "Fazer testes médicos para garantir que nem eu nem a minha parceira temos o vírus". Q. 337.

[20] "Muito importante é estar bem informado acerca das doenças". Q. 303.

[21] "Usar preservativo no caso dos homens e tomar a pílula no caso das mulheres". Q. 300.

[22] "Boa higiene pessoal/ íntima"; "Diálogo com parceiro(a)"; "Deve-se ter confiança no parceiro"; "Acompanhamento sério por parte dos pais"; "Diminuir o preço e aumentar a acessibilidade aos preservativos"; "Controle social dos comportamentos sexuais de risco".

Tabela 29: Dados relativos à questão *o que significa "sida"*

Dimensão de análise	Categorias de resposta	Exemplos	Frequência	Percentagens
O que significa "sida" N=649	Doença contagiosa crónica e mortal	23	306	47,0%
	Doença que afecta o sistema imunitário	24	117	18,0%
	Doença que não mata necessariamente	25	109	**16,8%**
	Doença contagiosa		106	16,3%
	Doença aguda mortal		48	7,4%
	Outros	26	14	0,5%

7.14. Razões para usar preservativo

Quando abordámos as *principais razões para se usar preservativo*, 73% vêem na prevenção das IST e da gravidez inoportuna (GI) a principal razão para o uso do preservativo; 22,8% acham que a principal razão para se usar preservativo é a prevenção das IST; e 3,8% acha que a principal razão é a prevenção de uma gravidez.

Já em estudo anterior, em estudantes universitários espanhóis, Fernández et al. (2004) tinham notado que "os jovens associam o uso do preservativo a um método contraceptivo e não preventivo" e no estudo de Widdice et al. (2006), os jovens estudantes do ensino secundário inquiridos apontaram como benefício previsíveis de usar preservativo o facto de prevenir a gravidez (80,2%) e de prevenir IST e infecção pelo VIH (42,0%).

Tabela 30: Dados relativos à questão *razões para usar o preservativo*

Dimensão de Análise	Categorias de Resposta	Frequência	Percentagens
Razões Para Usar o Preservativo N=666	Prevenir IST e GI	486	73,0%
	Prevenir IST	152	22,8%
	Prevenir GI	25	3,8%
	Outras	2	0,3%

---

[23] "Doença mortal, controlada". – Q.32
"Doença infecciosa que diminui a capacidade do sistema imunitário". Q. 330.
"Doença contagiosa que pode provocar a morte". Q. 349.
"Doença cientificamente descontrolada"; "Causa de isolamento social importante"; "Doença extremamente grave que se pega através de relações sexuais e cujos sintomas hoje estão um pouco mais controlados". – Q.32

[24] "Doença infecciosa que diminui a capacidade do sistema imunitário". Q. 330.

[25] "Doença contagiosa que pode provocar a morte". Q. 349.

[26] "Doença cientificamente descontrolada"; "Causa de isolamento social importante"; "Doença que não é contagiosa como muita gente pensa"; "Doença devida à sociedade actual ser promíscua"; "Doença incapacitante e desgastante, física e psicologicamente"; "Doença evitável".

7.15. Razões para não usar preservativo

Quanto às *razões para o não uso do preservativo*, 59,3% dos que responderam apontaram o preservativo como um problema em si mesmo, sendo a principal componente desse problema (para 45,1% dos que responderam) o *desconforto físico e psíquico* que o uso do preservativo acarreta; a segunda razão, apontada por 14,2% dos que responderam, refere-se à *dificuldade do acesso* ao preservativo ou ao *embaraço* que a sua aquisição pode comportar. 29,2% dos que responderam atribuíram à *impulsividade* própria dos jovens a causa principal do não uso do preservativo e 28,1% apontaram a estabilidade da relação como sendo a principal razão. De notar que 9,5% dos estudantes universitários que responderam atribuiram o não uso do preservativo à prática da *contracepção hormonal oral*, parecendo confirmar a impressão já por nós atrás expressa de que uma faixa, ainda que pequena, de universitários que estabelece confusão conceptual entre contracepção oral e prevenção de IST e *sida*.

E, mais uma vez, só uma faixa minoritária (13,75%) dos estudantes universitários que responderam responsabiliza o preço dos preservativos pela sua não utilização. E mesmo estes parecem ignorar que os preservativos são distribuídos gratuitamente nos serviços de saúde [27]. Ou, se o sabem, não os procuram lá. Como atrás vimos, Frasquilho, M. (1998) constatou que os jovens conotam a sexualidade com um problema e não com uma área própria para criação de saúde. E num inquérito nacional recentemente realizado aos profissionais de saúde dos centros de saúde e hospitais, a DGS encontrou as seguintes frequências de respostas para a identificação dos obstáculos à prestação de cuidados aos jovens: medo da quebra de confidencialidade (62,0%), desconhecimento do tipo de oferta dos serviços (59,0%), a pouca disponibilidade de tempo dos profissionais (44,0%) e o desinteresse dos jovens (40,0%) (Prazeres et al., 2004, p. 24).

No estudo de Levy et al. (1996) os adolescentes inquiridos tinham responsabilizado a diminuição da sensibilidade e do prazer pelo não uso do preservativo.

No estudo de Widdice et al. (2006) os estudantes do ensino secundário inquiridos apontaram como benefícios previsíveis de não se usar preservativo o ganho em divertimento e em prazer. Tendo em conta que este estudo se centrou em estudantes sexualmente inexperientes, poderemos pensar que estes jovens já partem para a vida sexual com essa forma de preconceito contra o uso do preservativo.

Taquette et al. (op. cit., p. 213) referem que os jovens sabem, de um modo geral, que o preservativo evita doenças e gravidez e, mesmo assim, não o usam, principalmente por três ordens de razões: o esquecimento, o preço e o desprazer que provoca.

---

[27] Lei nº 3/84, de 24 de Março – Lei da Educação Sexual e do Planeamento Familiar; Portaria nº 52/85, de 25 de Janeiro – Regulamento das Consultas de Planeamento Familiar e dos Centros de Atendimento para Jovens.

Tabela 31: Razões para o não uso do preservativo

Dimensão de análise	Categorias de resposta	Sub-categorias	Exemplos	Frequência	Percentagens*
Razões para o não uso do preservativo N=634	O problema é o preservativo n= 376 59,3%	Desconforto físico e psíquico do uso do preservativo	28	286	45,1%
		Acesso difícil e aquisição embaraçosa	29, 30	90	14,2%
	Impulsividade		31	185	29,2%
	Relação primária ou estável		32	178	28,1%
	Preço elevado dos preservativos		33	87	13,7%
	Estar a fazer contracepção hormonal oral		34	60	9,5%
	Efeito de substâncias psico-activas		35	52	8,2%
	Não se percebe por que não fazem		36	35	5,5%
	Outros		37	46	7,3%

* o total ultrapassa 100% uma vez que foi aceite mais do que uma categoria como resposta

O estudo de Kátia Sanches (op. cit.), também se debruçou sobre as razões para o não uso do preservativo. Entre as razões que as estudantes apontaram para o não uso do preservativo destacam-se: 24,3% justificaram o não uso pelo conhecimento que tinham do parceiro; 14,5% pela confiança e fidelidade; 14,5% porque só usam quando necessitam de prevenir a gravidez; 12,1% só usam em relacionamentos ocasionais; 10,2% por restrições impostas pelo parceiro; 9,4% devido a certas características pessoais; 8,3% pelo uso de contraceptivos orais; 8,1% por não terem o hábito de o adquirir; 4,4% porque corta o clima.

---

[28] "Pelo que costumam dizer, tira o prazer". Q. 358.

[29] "Vergonha dos jovens em comprar os preservativos". Q. 304.

[30] "Os jovens ainda têm algum pudor de os pedir nos centros de saúde, CAJ,..." Q. 298.

[31] "Confiança na sorte, deixam-se levar pelo momento". Q. 202.

[32] "Quando se trata de relações duradouras". Q. 201.

[33] "Por causa do preço elevado dos preservativos. Deveriam ser gratuitos. É a principal razão". Q. 322.

[34] "O facto de recorrer a outros métodos contraceptivos". Q. 299.

[35] "Estão sob o efeito de substâncias que os impedem de pensar no que estão a fazer". Q. 309.

[36] "Eu não vejo qualquer razão para não usar preservativo". Q. 256.

[37] "Défice de informação"; "Querer engravidar"; "Associar VIH a países pouco desenvolvidos"; "Factor religião".

No estudo de Fausto Amaro, de 2004, numa amostra que abrangeu a faixa etária dos 15 aos 69 anos, as razões para o não uso do preservativo distribuíram-se como segue: 34,1% não havia necessidade; 19,5% não o tinha consigo, 17,1% não gosta de usar; 9,8% não pensou no assunto (CNLCS/ISCSP, 2004).

Por sua vez, Fernández et al. (2004, p. 31) concluíram no seu estudo que os melhores preditores do uso do preservativo eram o menor uso da pílula, a menor frequência do coito interrompido e o sentimento de que a atmosfera romântica não ficava deteriorada pelo facto de o usarem. Já Hogben et al. (2006) verificaram que a percepção de receptividade no parceiro para o uso do preservativo estava directamente correlacionada com o seu uso consistente.

7.16. Causas da não adesão às campanhas de prevenção do VIH/*sida*

Quando abordámos as *causas da não adesão às campanhas de prevenção do VIH*, 62,4% dos estudantes que responderam apontaram como causa principal a *inconsciência e irresponsabilidade* e 30% o *sentimento de invulnerabilidade*, que entendem como característicos dos jovens.

"A juventude, na nossa sociedade, é anunciada através de uma série de concepções, tais como o risco, perigo e inconsciência, ideias essas partilhadas inclusive pelos próprios jovens [...]. Essa concepção de irresponsabilidade e inconsciência faz com que os jovens fiquem mais vulneráveis às DST. E aí reside um paradoxo importante, porque, ao mesmo tempo que os jovens são os mais bem informados, são também os mais vulneráveis. Isso demonstra claramente que a informação, por si só, não protege os jovens se não forem trabalhados os outros fatores vinculados a essa vulnerabilidade, como, por exemplo, a pressão de gênero e a pressão do grupo" (Knauth, op. cit., p. 167).

No nosso estudo, 19,5% dos inquiridos apontaram a persistência de "*preconceito contra o preservativo*", 10,1% a "*confiança no parceiro*"; 5,5% apontaram a ocasionalidade dos encontros sexuais. Curiosamente, apenas 12% apontaram como factor determinante o "*défice de informação*"; e, mais importante, só 4,9% responsabilizaram o "*preço elevado dos preservativos*" pela não adesão às campanhas de prevenção.

Tabela 32: Causas da não adesão às campanhas de prevenção do VIH

Dimensão de análise	Categorias de resposta	Sub-categorias	Exemplos	Frequência	Percentagens*
Causas da não adesão às campanhas de prevenção do VIH N=652	Inconsciência e irresponsabilidade		38	407	**62,4%**
	Sentimento de invulnerabilidade		39	195	**30,0%**
	Preconceito contra o preservativo		40	127	19,5%
	Défice de informação n=77 12%	Informação insuficiente	41	45	7,1%
		Ouvem, vêem mas não ligam	42	32	4,9%
	Confiança no parceiro		43	66	10,1%
	Relações ocasionais		44	36	5,5%
	Preço elevado do preservativo		45	32	4,9%
	Outros		46	57	8,7%

*o total ultrapassa 100% uma vez que foi aceite mais do que uma categoria como resposta

7.17. Opinião sobre as campanhas e sugestões de conteúdos

Merece uma especial atenção o facto de 69,6% dos estudantes que responderam à questão aberta sobre se *as campanhas de prevenção de IST e VIH/sida são adequadas* terem respondido que sim, e apenas 25,9% acharem que não são. Nos depoimentos recolhidos, ressalta a ideia de que pouco mais há a dizer ou a alterar e que o problema não está nas campanhas mas sim nos próprios jovens.

---

[38] "Porque preferem viver uma cultura de *viver este dia como se fosse o último*, e não querem pensar na consequência dos actos" – Q.29

[39] "Porque existe aquele pensamento de que *só acontece aos outros*, eu terei sorte". Q. 324.

[40] "Um conjunto de estereótipos que têm em relação ao uso do preservativo". Q. 308.

[41] "Muitas vezes não existe uma consciencialização do verdadeiro problema". Q. 36.

[42] "Há informação a mais, os jovens é que não estão preocupados". Q. 173.

[43] "Porque confiam demasiado nos parceiros, mesmo sendo ocasionais". Q. 343.

[44] "Muitas vezes as relações sexuais são ocasionais". Q. 333.

[45] "Por causa do preço elevado dos preservativos. Deveriam ser gratuitos". Q. 322.

[46] "Não faço ideia"; "Cada qual tem as suas razões"; "Não percebo porquê"; "Pensam que a *sida* se vê pela cara"; "O parceiro não tem aspecto de doente"; "Dificuldade em falar com o parceiro"; "Não o comprar a tempo"; "Campanhas insuficientemente apelativas"; "Campanhas maçudas"; "Vergonha de fazer o teste de VIH"; "Vergonha de se esclarecer"; "Vergonha de tirar dúvidas"; "Não ter a iniciativa de o usar"; "Idade demasiado precoce das primeiras RS"; "Campanhas só existem nos grandes centros urbanos"; "Medo de saber o resultado do teste de VIH"; "Falta de confiança no preservativo"; "O preservativo é pouco seguro"; "Pouco interesse pelo parceiro"; "Falta de acompanhamento e informação por parte dos pais".

Tabela 33: Sugestão de conteúdos para campanhas de prevenção do VIH/sida

Dimensão de análise	Categorias de resposta	Exemplos	Frequência	Percentagens*
Sugestão de conteúdos das campanhas de prevenção VIH/*sida* N=551	Mensagem-choque	[47], [48], [49], [50], [51], [52], [53], [54], [55]	224	**40,7%**
	Campanhas informativas	[56]	132	24,0%
	Propostas de slogans	[57]	108	19,6%
	Mensagens *fashion* pró-preservativo	[58]	98	17,8%
	Manter as mesmas		78	14,2%
	Não sabe		19	3,4%

* o total ultrapassa 100% uma vez que foi aceite mais do que uma categoria como resposta

Mas, curiosamente, os estudantes inquiridos quanto à *sugestão que dariam para conteúdos das campanhas de prevenção do VIH/sida* responderam maioritariamente: *mensagens chocantes, fortes, com testemunhos reais* (40,7%); 24% preferiam *mensagens mais esclarecedoras e apelativas, que dissessem a verdade*; 17,8% propuseram *mensagens que colocassem o preservativo on fashion*, ou seja, que se faça o marketing social do uso do preservativo, e 14,2% acharam que as campanhas de prevenção *estão bem como estão*, que não há nada a mudar. De certo modo, estes achados contrariam a opinião de Amaro e Cunha-Teles

[47] "Mensagens chocantes. Por vezes são as que têm mais efeito e nos fazem pensar". Q.44

[48] "Deviam mostrar mais casos de pessoas infectadas em estado avançado da doença, de forma a chocar as pessoas para estas verem os efeitos da sida". Q. 13

[49] "Deviam passar imagens de pessoas, isto é, testemunhos reais de cada tipo de infecção, para que se saiba o porquê e quais as consequências das DST, ao invés de apenas dizer para usar preservativo para as evitar". Q. 19

[50] "Mensagens sem rodeios nem eufemismos: conteúdos claros e, no limite, rígidos para fazer as pessoas abrirem os olhos". Q. 37

[51] "Realidades duras cruas que toquem e que choquem. Só assim os mais jovens, principalmente, ganham noção do risco". Q. 216

[52] "Algo fortes e chocantes. De outra forma não terá o efeito pretendido". Q. 356

[53] "Acho que deveriam mostrar algumas pessoas que cometeram o deslize de apenas uma vez não usar o preservativo, e terem ficado infectados, e que agora estão a morrer ou a passar muito mal por causa disso". Q. 243

[54] "Relatos de jovens infectados". Q. 355

[55] "Deviam expor casos verídicos, testemunhos de pessoas infectadas – só essas pessoas podem falar na primeira pessoa, contar, expor o drama da sida e das consequências do não uso do preservativo". Q. 515

[56] "A principal mensagem deveria ser no sentido de que, embora com os sintomas mais controlados, a *sida* é uma doença mortal e não curável ". Q. 32

[57] "Não acontece só aos outros, também pode acontecer contigo"; "Estamos todos sujeitos"; "A *sida* pode tocar a todos"; "Dizer 'A sida mata' "; "Mata milhões de pessoas no mundo"; "A sida é mais grave do que se pensa"; "É importante que o jovem se sinta integrado na mensagem"; "Campanhas interactivas com participação dos jovens alvo"; "Educação não formal"; "Incentivar o teste de VIH"; "Divulgar os lugares onde se pode fazer o teste"; "Apelar mais aos sentimentos na relação sexual e menos ao preservativo; "Valorizar a vida"; "A vida é um bem único"; "Ama a vida"; "Responsabilizar-nos pelos nossos actos"; "Não é uma alternativa, é uma necessidade"; "Sexo pode ser uma brincadeira, a sida é que não"; "São de graça, manter a saúde não custa nada"; "Se [a sida] continuar a proliferar assim, deixa de haver população no planeta".

[58] "O preservativo deve ser visto como um instrumento para estimular o acto sexual". Q. 239

(op. cit., p. 100) segundo a qual "a pessoa tende a evitar os estímulos negativos que lhe causem desconforto psicológico" e "as mensagens de medo aumentam o nível de ansiedade do indivíduo e pode levar a mecanismos de negação da doença". Mesmo que estas afirmações sejam correctas, facto é que os estudantes parecem considerar que a estratégia do medo é a única que pode levar os jovens a considerar a necessidade de se protegerem. Vários dos depoimentos por nós recolhidos vão nesse sentido. Sobre esta matéria, e como já tivemos ocasião de referir, Cristina Ponte admitia que "a foto-choque possui uma força própria, que pode chocar os leitores ao ponto de estes recusarem um conhecimento mais alargado sobre o tema focado", mas pode também "permitir-lhes tomar consciência de uma realidade monstruosa" (Ponte, 2004, p. 87). Também já referimos o achado de Orquídea Lopes, no seu estudo sobre as campanhas publicitárias no âmbito da prevenção do VIH/*sida*, e segundo o qual "os *spots* que usaram como estratégia persuasiva o medo provocaram maior impacto cognitivo" (Lopes, op. cit., p. 248).

Parece-nos muito interessante a sugestão de se colocar o preservativo *on fashion*, isto é, de promover o seu *marketing* social. A partir das respostas a uma questão anterior, tínhamos já concluído que o preservativo constitui um problema em si mesmo. No entanto, uma faixa importante dos estudantes inquiridos (28,3%) acha que o uso do preservativo é "fácil e até divertido" e a maioria dos inquiridos (58,5%) referiu que usar preservativo é "um comportamento normal na sociedade de hoje. Este poderá ser um bom ponto de partida para uma campanha de imagem [59]. Mas, tal como os estudantes que sugeriram colocar o preservativo *on fashion*, pensamos que ele merece uma atenção independente da sua finalidade. O preservativo deve ser objecto de um tratamento próprio, de forma a transformar-se no alvo prioritário de campanhas de promoção da sua *imagem social* e não num dispositivo preventivo-sanitário. É necessário um esforço de re-construção da imagem social do preservativo que o torne num objecto de sedução, um adereço íntimo de prestígio, parte integrante do relacionamento sexual moderno. Isto independentemente de se tratar ou não de um método de prevenção de IST e de VIH/*sida*.

Tabela 34: Opinião sobre uso do preservativo e género

Opinião sobre o uso do preservativo	Masculino		Feminino	
	Frequência	Percentagem	Frequência	Percentagem
Fácil e divertido	34	21,5	118	31,1
Nem sempre é possível	8	5,1	29	7,6
Pouco prático e antinatural	25	15,8	48	12,6
Coloca em situação difícil perante parceira(o)	3	1,9	11	2,9
Torna tudo planeado e pouco espontâneo	26	16,5	58	15,3
Diminui o prazer	27	17,0	37	9,7
Concentra as atenções no sexo	7	4,4	19	5,0
Caro	20	12,7	50	13,2
Outra	8	5,1	10	2,6
Total	158	100,0	380	100,0

---

[59] O PNPCIVIH/*sida* 2007-2010 prevê o desenvolvimento de técnicas de *marketing* social do preservativo (CN*sida*, 2007, p. 39).

Tabela 35: Uso do preservativo, enquanto comportamento social, e género

Uso do preservativo como comportamento	Masculino		Feminino	
	Frequência	Percentagem	Frequência	Percentagem
Comportamento normal na sociedade de hoje	79	**50,0**	238	**62,0**
Comportamento necessário mas não normal	44	27,8	100	26,0
Preço a pagar pela liberdade sexual	17	10,8	24	6,3
Comportamento adequado a quem é promíscuo	4	2,5	6	1,6
Comportamento impossível de pôr em prática por sistema	–	–	2	0,4
Detesto usar	14	**8,9**	14	3,7
Total	158	100,0	384	100,0

7.18. Novos *mitos* sobre o VIH/ sida?

Com o aparecimento dos fármacos anti-retrovíricos (1996) deu-se uma modificação dramática no modelo evolutivo da doença, a qual passou a ser considerada uma doença crónica. Isso traduzir-se-ia numa secundarização progressiva da ideia de morte associada à doença e, consequentemente, à des-interiorização da ideia de doença grave e fatal, da qual é necessário precaver-se custe o que custar.

Há que incutir na população que os novos avanços na terapêutica da infecção pelo VIH, designadamente a terapêutica HAART [60], não significam o domínio da infecção nem da sua gravidade, que a *sida* permanece mortal, e que, por conseguinte, só há uma forma de conter e controlar a epidemia de *sida*: evitar comportamentos de risco, fazer o teste de despiste do VIH e praticar sexo seguro.

Orquídia Lopes chamou a atenção para o facto de o conteúdo das mensagens [preventivas] mal elaboradas poder dar origem a falsas crenças (Lopes, O., *op. cit.*, p. 120). De facto, uma eventual má interpretação dos avanços terapêuticos, no sentido de que eles signifiquem o fim da ameaça individual e social, tendo passado de *doença aguda e mortal* para *doença crónica sob controle*, pode ter consequências catastróficas no combate à disseminação da doença.

Ao longo do nosso estudo fomo-nos apercebendo da presença de novas ideias incorrectas e de novas *crenças*, as quais, ao contrário dos primeiros *mitos* e *crenças*, que eram de certo modo defensivos, expõem os jovens a riscos acrescidos. Desses novos *mitos* e *crenças* destacamos:

---

[60] *Highly active anti-retroviral therapy*

7.18.1. O risco está nos heterossexuais

A transmissão e a propagação do VIH e da *sida* a bissexuais e heterossexuais vieram desviar as atenções do grupo dos homossexuais e bissexuais para os heterossexuais, o que gerou a ideia de que, afinal, já não há lugar para a noção de grupos de risco. Isto é só parcialmente verdade. Os heterossexuais são hoje o grupo mais atingido pelo VIH/*sida*, em termos globais, mas são, também, o grupo de longe mais representado em termos sócio-demográficos. O peso da infecção pelo VIH/*sida* no total da população heterossexual é proporcionalmente muito inferior ao peso da infecção por VIH/*sida* no total das populações de homossexuais e bissexuais.

Desde 1983 a 2006, os casos de *sida* notificados em Portugal foram 1767 nos homo e bissexuais e 4574 nos heterossexuais; os casos sintomáticos não *sida* foram 410 entre os homo e bissexuais e 1109 entre os heterossexuais, e os casos de portadores assintomáticos foram 1445 entre os homo e bissexuais e 5706 entre os heterossexuais (CVEDT, 2006, pp. 9, 29 e 37). Estudos da expressão da homossexualidade exclusiva, nomeadamente os de Kinsey, de Kenyon e de Gagnon e Simon, parecem apontar para 2 a 4% da população, enquanto que as taxas de comportamento homossexual ao longo da vida podem atingir os 10% (Gelder et al. 1996, p. 482-483). Estes valores são indicativos de que o comportamento homossexual ocasional, preferencial ou exclusivo tem uma expressão muito inferior ao da população heterossexual quando comparado com as taxas de infecção pelo VIH entre os dois grupos. De entre os casos notificados, a proporção de heterossexuais para homo e bissexuais oscila entre 2,6:1 e 3,9:1. Isto quer dizer que, embora haja hoje em dia mais heterossexuais infectados do que homo e bissexuais, o risco relativo não é o mesmo. Continua a ser verdade que há, proporcionalmente, mais VIH/*sida* entre os homossexuais e bissexuais do que entre os heterossexuais e que é muito mais provável ser-se infectado pelo VIH num encontro sexual homossexual do que num encontro heterossexual.

Como vimos [61], segundo a ONUSIDA, vários países registam um aumento da incidência de VIH em homens que têm relações sexuais com homens e em 2005, comparativamente com 2001, o número de novos diagnósticos de VIH, neste grupo cresceu 75% na Holanda, 71% na Suíça, 68% em Portugal e 40% na Bélgica. Os dados do Ministério da Saúde português, de 2006, sugerem que em cerca de 11,5% dos casos, a transmissão ocorreu entre homossexuais masculinos, com aumento da incidência neste grupo, para uma prevalência de 10-20%. Esta tendência acompanha-se, em alguns países, de surtos de outras IST, o que significa que os homossexuais masculinos estão a ter mais práticas de alto risco sem protecção. E o pior é que os estudos sobre comportamentos homossexuais em pessoas jovens têm sido muito escassos.

Entre as consequências deste novo *mito* está o facto de se registar uma diminuição do uso do preservativo na população homossexual, o surgir de comportamentos de *barebacking* entre homossexuais [62] e, inclusive, um aumento da taxa de incidência da infecção neste grupo (CNsida, 2007, p. 12). Como diz Henrique de Barros, Coordenador Nacional para a Infecção VIH/sida, "na União Europeia, Portugal apresenta ainda a mais elevada taxa de incidência da infecção VIH (280:1 000 000 de habitantes,

---

[61] Ver págs. 49 e 50.

[62] Que consistem na procura de parceiros para sexo sem preservativo.

em 2004), acima do dobro das mais altas observadas nos restantes países. A dimensão relativa da incidência de casos de *sida* é similar e nem sequer conhecemos o risco real entre populações caracterizadas por *exposições particulares*, como trabalhadores do sexo, *homens que têm relações sexuais com homens* ou utilizadores de drogas injectáveis. Isto impede-nos o conhecimento da dinâmica particular da infecção nestas circunstâncias *e a sua relação com a crescente importância da epidemia entre a população heterossexual.* [63]

Ora, no nosso estudo, tivemos ocasião de constatar que 7,2% da amostra admitiram que teriam menor risco de apanhar o VIH e contrair a *sida* se tivessem relações sexuais com homossexuais ou com bissexuais do que com heterossexuais; ou que um homem terá menos risco de apanhar o VIH e contrair a *sida* se tiver relações sexuais com um homem do que se tiver relações sexuais com uma mulher (7,2% da amostra).

7.18.2. Ter relações sexuais não acarreta mais risco do que não ter

Um achado curioso do nosso estudo é o facto de 44,8% dos inquiridos pensarem que não correm mais risco de contrair o VIH/*sida* tendo relações sexuais do que se não fizerem sexo. Poderia pensar-se que a pergunta teria sido mal compreendida, mas no estudo SIDAdania (2006, p. 23) encontramos uma questão afim: "Os únicos meios seguros de evitar a transmissão do VIH por via sexual são a abstinência ou a relação mutuamente fiel entre duas pessoas não infectadas". Foi a pergunta mais falhada do Questionário, com 83,7% de respostas erradas. Aparentemente enigmático, este achado parece traduzir, antes do mais, uma completa ausência de apelo à abstinência e à fidelidade mútua nas campanhas preventivas em Portugal, onde o "*ABC* da prevenção do VIH/*sida*", da OMS, só conta com a componente *C* (condom). No nosso país tem sido notado o predomínio de mensagens indutoras de uma sexualidade sem barreiras, salvo a do uso do preservativo (Cunha-Teles, 2002; Lopes, 2006).

7.18.3. A *sida* não mata, o que mata são as infecções oportunistas

No que toca à morte dos doentes com *sida*, não pela *sida* em si mas por doenças ou infecções oportunistas, o argumento é falacioso. Essas doenças oportunistas não sucedem nos indivíduos não infectados, e se surgem são habitualmente tratáveis, o que não acontece nos doentes com *sida*. Mais, se o doente não morre com doenças oportunistas, morrerá depois em caquexia (síndrome de emaciação).

A *sida* pode matar, isto é, pode matar ou não. Este mal-entendido poderá ter resultado de uma campanha da Comissão Nacional de Luta Contra a Sida, em 1992, na qual se afirmava que a *sida* é "Muito contagiosa. Pode ser fatal" (Lopes, op. cit., p. 278).

Graças às terapêuticas anti-retrovirais, a *sida* hoje em dia cursa com uma boa qualidade de vida. Isto não é, de todo, verdade. As terapêuticas antirretrovirais são muito agressivas e com efeitos secundários por vezes devastadores, que levam ao abandono da terapêutica (CNsida, 2007, p. 47).

---

[63] Consulta em http://www.acs.min-sauded.pt, acesso em 22-04-2007. Itálico nosso.

7.18.4. Já existe uma vacina contra o VIH

A forma como têm sido noticiadas meras intenções de produzir uma vacina contra o VIH tem levado a população jovem a admitir que *é uma questão de tempo*. Mas não é dito o essencial, ou seja, que uma vacina antirretrovírica é muito difícil de conseguir. Rolf M. Zinkernagel, Prémio Nobel da Medicina em 1996, disse em Lisboa, em Janeiro de 2007 que uma vacina contra o VIH não é coisa para os próximos 10 a 20 anos, pelo que o melhor combate contra a doença é a educação e a prevenção [64].

De entre as razões para não se conseguir a curto ou médio prazo uma vacina para a *sida* destaca-se a capacidade de mutação do VIH. Como diz Rui Sarmento e Castro, "o problema fundamentalmente – e essa é uma das derrotas da nossa luta contra o VIH [65] – é a capacidade de mutação do vírus, que é muito elevada. Isso impede a criação de uma vacina eficaz que possa responder a essas mutações. É um pouco o que se passa com o vírus da gripe, só que a uma escala muito maior. Nestas condições, a construção de uma vacina para o VIH/SIDA seria económica e até tecnicamente impossível. De qualquer forma, estão a ser realizados alguns ensaios e para uma parte dos vírus pode ser que seja possível fazer-se uma vacina eficaz. De momento, não é" (InformaçãoSIDA, 2007b, 16-17).

7.18.5. O número de infectados será menor nos próximos anos

Há um certo optimismo infundado na ideia de que no futuro assistiremos a uma redução e mesmo ao controle da incidência de infecções por VIH. Os factos contrariam essa ideia, sobretudo na Europa.

Segundo a ONUSIDA (2006), "o número total de pessoas que vivem com o VIH continua a aumentar – devido em grande parte aos efeitos da terapêutica antirretrovírica na sobrevida dos portadores – com um número relativamente estável de novas infecções anuais na América do Norte e um incremento do número de novos diagnósticos de VIH na Europa Ocidental"; "a taxa de novos diagnósticos de VIH quase duplicou na Europa ocidental durante o período de 1998-2005: de 42 casos por um milhão de habitantes em 1998 para 74 por um milhão em 2006" (ONUSIDA, op. cit., pp. 54-56).

Com base na chamada «Declaração Suíça» (Vernazza et. al., 2008), têm surgido afirmações com grande suporte mediático segundo as quais as pessoas seropositivas poderão prescindir de usar preservativo se tiverem a virémia controlada. Em termos de saúde pública é uma afirmação imprudente, parcial e pelo menos controversa (Bernard, E. 2008); e transmite a mensagem de que o problema da *sida* está a caminho do controle total, convidando a uma perigosa despreocupação.

A declaração Suíça desencadeou reacções de desacordo, entre elas o *Australasian Statement on HIV Antiretroviral Therapy and Infectiousness* (2008), que reafirma a necessidade de prosseguir com a prática de sexo seguro, ou seja, o uso correcto e consistente do preservativo e a detecção precoce e tratamento das Infecções Sexualmente

---

[64] Agência Lusa, acedida em www.lusa.pt, acesso em 10.01.2007

[65] Uma metáfora bélica..

Transmissíveis. Por outro lado, a OMS, a partir dos dados da XVII International AIDS Conference, que decorreu na Cidade do México em Agosto de 2008, esclarece que «se bem que a carga viral constitua o principal factor de risco para a transmissão do VIH, as baixas cargas virais não garantem que a transmissão não possa ocorrer» (WHO, 2008).

7.18.6. As pessoas infectadas pelo VIH estão muito doentes

Este *mito* foi criado pelas campanhas e pelos meios de comunicação social. Quando se apresenta um testemunho de uma pessoa infectada, apresenta-se alguém em fase de *sida* e não na fase de seropositividade; e quando se apresenta uma pessoa seropositiva, o que é raríssimo, tende-se a mostrar alguém cheio de optimismo e com grande qualidade de vida. As próprias campanhas centram a sua atenção quase exclusivamente na *sida* e quase nunca na seropositividade.

Este novo *mito* permite que se negligencie o perigo invisível, o seropositivo transmissor do VIH, o qual, afinal de contas, é, ou deveria ser, o principal motivo das campanhas de prevenção.

7.18.7 O sexo oral não acarreta perigo

Verificámos que os jovens universitários inquiridos atribuem muito pouco risco às práticas orogenitais; 18,1% acham que o sexo oral desprotegido não acarreta perigo de transmissão do VIH; e, além disso, 26,3% deles (183 jovens numa amostra de 696) acham que o VIH não aparece no sémen. Lopes, J. (2006, p. 121), numa amostra de 494 alunos de escolas secundárias, encontrou 31,6% de respostas erradas á questão do VIH aparecer ou não no sémen.

Esta é uma das razões por que o preservativo não é utilizado nas relações sexuais orais. Já Maria João Alvarez tinha observado: "Em conformidade com o encontrado noutros estudos, o uso do preservativo nas relações orogenitais é praticamente inexistente, e o sexo oral trata-se de uma prática frequente *entre indivíduos que nunca tiveram relações sexuais*" (Alvarez, op. cit., p. 396) [66].

No entanto, o sexo oral pode ser responsável por cerca de 8% das transmissões do VIH [67], sendo maior o risco no felacio receptivo. Na nossa amostra o sexo oral está muito representado. De entre as experiências de práticas sexuais, as mais comuns são as experiências de sexo vaginal e o sexo oral.

---

[66] Sublinhado nosso. Como atrás se disse, é frequente, mesmo na literatura, a ideia de que o sexo oral não constitui "relação sexual".

[67] Aidsmap, acedido em http://www.aidsmap.com/es/docs/82A50B1F-17BB-4D49-8E3A-534BD130F396.asp , em 21 de Agosto de 2007.

CAPÍTULO 8

CONCLUSÕES

8.1 Análise Geral

Este estudo abrangeu uma população estudante universitária das oito Faculdades da Universidade de Coimbra, sobretudo do1º e 2º e do 4º e 5º anos dos respectivos cursos [1]. O interesse da escolha deste tipo de população reside no elevado nível de conhecimentos que têm sobre sexualidade e infecções sexualmente transmissíveis, designadamente VIH/*sida* e, ainda, por se tratar de uma população considerada mais vulnerável, estar no início da actividade sexual, ser inexperiente e se mostrar propensa à mudança de parceiros sexuais.

As conclusões não podem ser generalizadas para o conjunto da população universitária de Coimbra, dado que utilizámos uma amostra de conveniência; porém, o número elevado de elementos da amostra garante-nos a minimização do erro de amostragem. O *setting* em que as respostas foram recolhidas, a sala e o contexto de uma aula com a presença do respectivo professor, proporcionaram o necessário ambiente de concentração, seriedade e dignidade necessário ao preenchimento do Questionário.

Embora os jovens da nossa amostra nos tenham dado informações sobre si mesmos, os dados obtidos não são suficientes para perceber outros jovens que não tiveram um percurso semelhante, como o acesso ao ensino superior, ou jovens que nesta faixa etária já trabalham, estão casados, têm filhos, ou jovens que estão desempregados ou que não têm a escolaridade obrigatória, ou que se encontram na situação de imigrantes.

Os estudantes inquiridos reconhecem-se maioritariamente como cristãos, têm uma média de idades de 20,61 anos, e na sua maior parte são provenientes dos estratos sócio-económicos médio e médio-baixo. Em média iniciaram a sua vida sexual pelos 17,34 anos de idade. 22,1% dos estudantes referiram não terem ainda iniciado a vida sexual activa, cerca de quatro quintos dos quais frequentam o 1º ou o 2º ano do seu curso.

Esta amostra de universitários é composta por jovens com um baixo número de parceiros sexuais, que são caracterizado(a) s como *namorado(a)s*. Maioritariamente, estes jovens associam directamente o sexo ao relacionamento afectivo com o(a) namorado(a).

---

[1] O questionário foi distribuído em turmas de alunos inscritos numa dada disciplina. Essa disciplina, pertencendo a um dado ano do curso, podia ter alunos de anos subsequentes, que repetiam a disciplina ou que não a tinham concluído no respectivo ano, motivo por que aparecem alunos do 3º ano e, em menor escala, do 6º ano.

Uma parte importante dos jovens universitários associa a ideia de sexo seguro a *usar sempre preservativo* e a *sexualidade selectiva*. Concretamente, verificámos que, ao longo da vida, 77,1% dos estudantes da amostra tiveram relações sexuais exclusivamente no contexto de namoro, embora possam ter tido mais que um(a) namorado(a) ao logo da vida; 19,2% tiveram relações sexuais no contexto de namoro e em encontros ocasionais; e 3,7% apenas no contexto de encontros ocasionais. Na última relação sexual, 18,7% dos inquiridos não usaram o preservativo em encontros fora do contexto de namoro [2]. As relações ocasionais, em paralelo ou não com uma relação namoro, são mais frequentes no sexo masculino do que no feminino.

Por ordem de frequência, os jovens universitários referiram que tinham relações sexuais de tipo: genital e oral (42,8%); genital (32,3%); genital, oral e anal (22,1%); oral (1,1%); genital e anal (0,9%); anal (0,4%); e oral e anal (0,4%).

Encontrámos uma preferência sexual homossexual em 2,2% dos universitários da amostra (4,4% rapazes e 1,3% raparigas) e 2,2% de práticas bissexuais e de grupo (5,7% rapazes e 0,8% raparigas). Estes valores são muito próximos dos encontrados em estudos nacionais e internacionais.

Quanto ao uso do preservativo, mais de metade (52,6%) dos estudantes da amostra sexualmente activos referiram ter usado sempre preservativo ao longo da vida, metade (50,0%) referiram tê-lo usado nos últimos três meses, mas na última relação sexual essa percentagem foi superior: cerca de 60,5%. Estes dados consolidam a impressão de estudos anteriores de que se assiste a um aumento gradual do uso do preservativo entre os jovens, embora ele ainda esteja longe de ser utilizado de uma forma consistente por todos e em todas as relações sexuais. Mesmo com os actuais valores de utilização do preservativo, os jovens continuam a expor-se desnecessariamente a um risco elevado de infecção pelo VIH. Mas também é certo que estes jovens apresentam, maioritariamente, outras formas de diminuição do risco, como seja o reduzido número de parceiros sexuais e a realização do teste de despistagem do VIH.

Assim, se é certo que os estudantes universitários tendem a usar progressivamente menos o preservativo com o avançar do respectivo curso, também é certo que nos últimos dois anos do curso já têm, maioritariamente, uma relação afectiva estável. Dos estudantes inquiridos, 42,5% referiram namorar com a mesma pessoa há mais de um ano. Mais de dois terços dos estudantes que referiram nunca usar preservativo tinham uma relação amorosa estável há mais de dois anos e 16,4% namoravam há mais de um ano. Quanto ao número de parceiros sexuais, 50,1% dos estudantes da amostra referiram ter tido apenas um; 32,2% referiam ter tido dois ou três parceiros sexuais ao longo da vida; 17,7% referiram ter tido quatro ou mais parceiros ao longo da vida.

Embora pareça haver um aumento do uso do preservativo com o aumento do número médio de parceiros sexuais, o uso e não uso do preservativo não depende, estatisticamente, do número médio de parceiros.

Tal como noutros estudos, tanto na primeira relação sexual, como ao longo da vida, nos últimos três meses e na última relação sexual, os rapazes referiram mais ter usado o preservativo do que as raparigas. A julgar pelo uso do preservativo, os rapazes parecem colocar-se menos em risco do que as raparigas, mas as raparigas são

---

[2] O estudo da CNLCS (2004, p.16) encontrou 10% de estudantes que não tinham usado preservativo no último encontro sexual com o(a) parceiro(o) não habitual.

mais selectivas que os rapazes e têm um número médio menor de parceiros sexuais (56,7% das raparigas e 34,2% dos rapazes têm parceiro sexual único). Por outro lado, as raparigas percepcionam mais a segurança do preservativo do que os rapazes (81% das raparigas e 78% dos rapazes percepcionam o preservativo como um método de prevenção *muito seguro* ou *bastante seguro*).

O preservativo é adquirido preferencialmente nas farmácias e nos supermercados; e como locais de procura menor figuram as máquinas de distribuição automática e os serviços de saúde. Os estudantes da amostra denotaram um *baixo índice de interacção com os profissionais de saúde*, que não são escolhidos como interlocutores preferenciais sobre questões de sexualidade e IST, designadamente VIH/*sida*.

Verificámos que de entre os locais e circunstâncias que os estudantes universitários da nossa amostra consideram mais embaraçosos para adquirir preservativos se situa o espaço *dentro da Faculdade* (40,8% dos 696 estudantes da amostra).

É baixa frequência com que as raparigas adquirem o preservativo. E quando o adquirem fazem-no maioritariamente na companhia do parceiro ou namorado.

A percepção da susceptibilidade pessoal ao VIH/*sida* é muito baixa: 99,1% dos estudantes da amostra referiram estar a correr *muito pouco risco* ou *nenhum risco*. Por outro lado, a percepção do risco pessoal não depende do nível de conhecimentos.

Comparando com estudos anteriores, encontrámos uma maior percentagem de estudantes que já fez o teste de despistagem do VIH.

De um modo geral, estes estudantes possuem um muito bom nível de conheci-mentos sobre VIH/*sida*. 50,6% dos estudantes inquiridos tiveram uma pontuação superior a 17 valores, numa escala de 0 a 20. No entanto, têm uma auto-percepção dos seus conhecimentos sobre VIH notoriamente inferior aos conhecimentos reais que possuem, já que só 24,7% dos estudantes referem ter um nível de conhecimen-tos "muito bom". Os alunos das Faculdades de Medicina, de Farmácia e de Ciências do Desporto e Educação Física denotaram possuir um nível de conhecimentos sobre VIH superior aos das restantes Faculdades. Porém, essa diferença só é estatisticamente significativa para os alunos da Faculdade de Medicina e no sub-teste *mitos* sobre a transmissão do VIH.

No que respeita ao que habitualmente é designado por *mitos*, verificámos que os jovens menos influenciados por conceitos erróneos ou ideias falsas sobre VIH/*sida* e seus modos de transmissão tendem a ter, de um modo estatisticamente muito signifi-cativo, um conhecimento mais correcto dos comportamentos preventivos e de risco, incluindo o uso e o não uso do preservativo.

Um número importante de universitários (30,9% da amostra) desconhece a inter-ferência do álcool e outras drogas no uso sistemático do preservativo. Por outro lado, há uma percentagem razoável de estudantes (30,8%), maioritariamente rapazes, que tem relações sexuais sob efeito dessas substâncias.

Embora cerca de 2/3 reconheçam a *sida* como uma doença contagiosa crónica mortal, há perto de 1/5 que a conceptualiza como doença *que não mata* ou *que não mata por si própria*.

8.2 Determinantes do não uso do preservativo

A não utilização do preservativo foi atribuída maioritariamente ao preservativo em si mesmo (*"o problema é o preservativo"*), nas suas vertentes *desconforto físico e psíquico, acesso difícil e aquisição embaraçosa*, seguindo-se a existência de uma *relação primária e estável*.

A *confiança no parceiro* é um dos factores que mais parece contribuir para o não uso do preservativo. E não surpreende que assim seja, dada a dinâmica interpessoal que preside às relações sexuais entre iguais.

Curiosa, mas preocupante, é a justificação do não uso do preservativo pela prática de contracepção oral, dado não existir qualquer relação entre contracepção oral e prevenção do VIH.

É de notar que o preço do preservativo foi pouco invocado como razão para a sua não utilização. E não só não é adquirido nos locais onde se pratica um preço mais acessível como, além disso, não é procurado onde a sua distribuição é gratuita.

8.3 Determinantes do uso do preservativo

As raparigas têm, em média, uma atitude mais positiva face ao uso do preservativo do que os rapazes; as que denotaram ter uma atitude mais positiva foram aquelas que mais referiram ter usado o preservativo na última relação sexual. Porém, globalmente, mesmo tendo, em média, uma atitude menos positiva, os rapazes usaram mais o preservativo do que as raparigas.

Uma atitude mais favorável face ao preservativo determina um menor embaraço na sua aquisição pelo sexo feminino, e em ambos os sexos determina um menor embaraço na negociação do seu uso. Mas não tem expressão estatisticamente significativa quanto ao embaraço no uso, tanto para o sexo masculino como feminino. A um nível mais elevado de conhecimentos sobre VIH/*sida* corresponde um menor embaraço na negociação do uso do preservativo nos rapazes e um menor embaraço no uso propriamente dito em ambos os sexos. O nível de conhecimentos sobre VIH/*sida* não teve expressão estatisticamente significativa em qualquer dos sexos no que respeita ao embaraço na aquisição.

8.4. Marketing social do preservativo

Tendo em conta que um achado do nosso estudo indica que o preservativo é, em si mesmo, um dos maiores obstáculos à sua utilização, importará fazer subir o prestígio social do preservativo, ou, como foi sugerido por alguns estudantes, *pôr o preservativo on fashion*. Podemos partir de um outro achado do nosso estudo, segundo o qual cerca de 1 em cada 5 rapazes e 1 em cada 3 raparigas acham que usar preservativo *é fácil e até divertido*. Sabendo-se que mais do que às razões de saúde pública e aos cálculos do risco pessoal, os jovens são sensíveis à moda e ao prestígio social dos comportamentos, tornar o uso do preservativo um comportamento de prestígio social pode contribuir mais para a prevenção do VIH/*sida* e outras IST do que toda a informação que tem sido difundida sobre a doença e os seus *números* ou estatísticas. Por isso, parece necessário *autonomizar* o preservativo em relação à sua função preventiva e torná-lo parte integrante de uma sexualidade moderna, responsável e civicamente evoluída. Eventualmente, poderá explorar-se o potencial erótico que o preservativo contenha. E designá-lo por um nome menos conotado com a ciência, a medicina e a saúde pública. Os brasileiros utilizam o termo *camisinha* quando se trata das campanhas e usam o termo *preservativo* nas comunicações científicas, parecendo compreender claramente a diferença de conotações entre as duas palavras.

8.5. Contextualizar a sexualidade humana

As mensagens preventivas de apelo ao uso do preservativo têm sido concebidas para uma sexualidade sem contexto. O preservativo é visto como a solução final para a epidemia de VIH/*sida*, desde que usado de forma consistente e correcta em todos os relacionamentos sexuais. Mas o contexto em que as relações sexuais acontecem pode determinar o não uso do preservativo precisamente nas situações de maior risco.

O patriarca católico de Lisboa, D. José Policarpo, afirma (Jornal de Notícias, 2003, p.28):" estão a ser cometidos erros graves de perspectiva, e um deles é dizer às pessoas que podem fazer tudo, prevenindo-se. Toda a gente sabe que isso não dá resultado. A única maneira é uma convergência de elementos transformadores. E não se percebe que esta questão se resolva só assim, tem que se resolver com uma dimensão cultural e ética".

Sem dúvida, a sexualidade tem um contexto pessoal e interpessoal que remete para a cultura e para a forma de estar em sociedade. De facto, o relacionamento sexual não acontece sem uma interacção com o outro [3], o que confere ao acto sexual uma dimensão ética e cívica que terá de ser fomentada por uma educação sexual global e integrativa.

Tendo em conta que a liberdade sexual é um pressuposto da civilização ocidental democrática, é necessário fazer sentir aos jovens que, em última análise, usar preservativo nas relações sexuais é uma questão civilizacional e que o uso do preservativo é o contraponto da liberdade sexual.

8.6. Ajustar as mensagens ao seu público-alvo

Para que tenham o impacto desejado, as campanhas deverão ser verdadeiras, reais e emotivas. As mensagens que visem promover a prevenção do VIH/*sida* entre a população adolescente e jovem terão de ter em conta as características psíquicas, emocionais e afectivas da população-alvo, evitando um discurso demasiado racional ou meramente *informativo*. E não deverão estar ao serviço de grupos, minorias, opções

---

[3] A esta interacção com o outro são inerentes os princípios do consentimento mútuo e de não provocar dano ou prejuízo. As consequências do acto sexual ultrapassam o contexto dos parceiros actuais, repercutindo-se, no caso das IST e da *sida*, nos eventuais parceiros subsequentes.

sexuais ideológicas ou religiosas, pois que o direito á prevenção e a não ser infectado é um direito de todos.

O presente estudo e os estudos nacionais e internacionais anteriores concordam em que os jovens se adaptaram às exigências da prevenção, na sequência do surgimento da epidemia de VIH/*sida*. Efectivamente, e como já vimos, o número de jovens que hoje utilizam o preservativo nas relações sexuais é bastante elevado, o que representa uma mudança civilizacional importante face ao período pré-*sida* (Cf. Knauth, op. cit., pp. 163-165) . Em termos gerais, cerca de 50% dos jovens usam o preservativo ao longo da vida, chegando aos 90% no caso da primeira relação sexual, nos rapazes, e aos 60% na última relação sexual, também nos rapazes. No entanto, o uso do preservativo continua muito aquém do que seria desejável para um eficaz controle da infecção. Esta persistente dificuldade em atingir valores superiores de protecção tem sido atribuída a factores intrínsecos aos jovens, não sendo habitualmente questionada a estratégia das campanhas preventivas que lhes são dirigidas. Comparando a situação com o que se passa no universo publicitário [4], seria o mesmo que responsabilizar o público-alvo pelo inêxito ou fracasso de uma dada estratégia promocional. Esta reflexão leva-nos a admitir, no campo das hipóteses, a possibilidade de estarmos perante o limite, ou perto do limite, da eficácia possível das estratégias comunicacionais seguidas até hoje no campo da prevenção do VIH/*sida*.

8.7. Síntese das principais conclusões

Podemos resumir as conclusões do presente estudo da seguinte forma:

1.ª – Os estudantes universitários da nossa amostra caracterizam o sexo como uma experiência afectiva e de prazer (75,6%) ou como uma experiência afectiva (21,2%). Deste modo, a conceptualização da sexualidade para efeitos de abordagem preventiva do VIH/*sida* terá de tomar em linha de conta esta realidade afectiva e não se dirigir apenas à genitalidade *tout court*.

2.ª – Mais de metade (52,6%) dos jovens universitários da nossa amostram referiram usar sempre o preservativo nas suas relações sexuais e também mais de metade (58,5%) é de opinião que o uso do *preservativo é um comportamento normal na sociedade de hoje*. Estes valores enquadram-se na média dos encontrados noutros estudos, mas parecem indiciar que uma parte importante da população universitária continua a correr risco elevado. Tendo em conta a persistente diferença entre aquilo que os jovens sabem sobre a prevenção do VIH/*sida* e a necessidade de usar o preservativo, por um lado, e taxa efectiva de utilização do preservativo, por outro, é de admitir que a taxa actual de utilização efectiva do preservativo se encontre perto do limite das possibilidades de eficácia das campanhas de prevenção concebidas até ao momento.

3.ª – O obstáculo principal ao uso do preservativo é o preservativo em si mesmo, quer na sua componente física quer na sua componente psicológica. Assim, torna-se prioritária uma acção de promoção social do preservativo por si mesmo, *independen-*

---

[4] Ver Orquídea Lopes., 2006, pp. 53-59.

temente da sua utilidade ou finalidade preventiva. Os jovens sabem qual a utilidade do preservativo, mas descuram o seu uso pelo desconforto físico e psíquico que entendem estar associado.

4.ª – Uma atitude favorável face ao preservativo é preditora do seu uso efectivo. Assim, torna-se importante a promoção de uma imagem favorável do preservativo em si mesmo, tornando-o um objecto familiar na sedução e no envolvimento erótico, isto é, parte integrante da sexualidade humana moderna e responsável.

5.ª – O uso do preservativo vai diminuindo com a idade, sobretudo devido ao estabelecimento de relações afectivas duradouras. Um relacionamento de namoro superior a dois anos é um forte preditor da não utilização do preservativo. Assim, torna-se imperioso fazer campanhas em prol da realização de testes de despistagem de VIH pelos namorados que estejam em vias de abandonar a utilização do preservativo.

6.ª – Um obstáculo importante ao uso consistente do preservativo é o conjunto de ideias ou conceitos errados que designamos por *novos mitos*, gerados por campanhas sanitárias paradoxais, ambíguas, eufemísticas ou ideologicamente influenciadas. Ao contrário dos *mitos* anteriores, que expressam medos infundados e abrem caminho a atitudes de discriminação ou de hiperprotecção, ainda que inadequadas e desnecessárias, os *novos mitos* que detectámos expõem os jovens a riscos acrescidos.

7.ª – Outro obstáculo é a *confiança no parceiro*. A relação sexual envolve mais que a mera troca de sensações eróticas. Envolve a afectividade, a irracionalidade, a partilha de seduções e sensações, e uma ideia de conquista que, de certo modo, implica a confiança e a auto-imagem dos intervenientes.

8.ª – Um outro obstáculo ao uso do preservativo é a *baixa percepção que os jovens têm do risco de contrairem o VIH*, baixa percepção essa que mostrou ser independente do nível de conhecimentos sobre VIH/sida. Esta baixa percepção do risco está associada ao carácter *invisível* que actualmente tem a infecção por VIH, que faz com que um parceiro infectado não seja detectado como tal. E esta *invisibilidade* não tem sido explorada pelas campanhas preventivas.

9.ª – As raparigas tomam menos a iniciativa da aquisição do preservativo do que os rapazes, embora comprem a pílula contraceptiva, a transportem na bolsa e a tomem sem constrangimentos. Como o significado da compra da pílula, de a trazer na bolsa e de a tomar é virtualmente o mesmo de comprar, trazer consigo ou usar o preservativo, parece-nos que o que está em causa são as conotações de género, em que a pílula se situa do lado das representações do imaginário feminino e o preservativo do lado do imaginário masculino.

10.ª – Na amostra estudada, o preço dos preservativos não pareceu constituir um obstáculo de monta à sua aquisição e utilização. Por outras palavras, o preço do preservativo não está entre as razões mais invocadas pelos jovens para não usarem preservativo.

11.ª – A inconsciência e a irresponsabilidade própria dos jovens, bem como o sentimento de invulnerabilidade que os caracteriza, são aspectos que os próprios jovens referem como factores importantes de não adesão às campanhas de prevenção.

12.ª – Cerca de um terço dos jovens estudantes parece desconhecer o efeito do álcool e de outras drogas na capacidade para praticar sexo seguro e cerca de 30% dos estudantes (mormente rapazes) já tiveram relações sexuais sob o efeito de álcool ou de outras drogas.

13.ª – Por detrás da aquisição e da negociação do uso do preservativo persistem condicionamentos sociais e de género, aos quais os indivíduos estão submetidos. Esses condicionamentos terão de ser trabalhados, sob pena de não conseguirmos modificar os comportamentos individuais, já que eles não dependem somente da vontade das pessoas isoladamente.

14.ª – Uma boa parte dos nossos jovens confunde a seropositividade para o VIH com a doença *sida* e, por outro lado parece acreditar que à seropositividade se segue de imediato uma acentuada degradação física (aspecto de muito doente).

15.ª – Cerca de um em cada dez estudantes inquiridos pensa que o facto de se fazer contracepção hormonal é razão ou dispensa para não se usar preservativo.

16.ª – Quase 70% (69,6%) dos estudantes inquiridos consideraram as campanhas de prevenção adequadas e só 25,9% acharam que não são. Mas, solicitados a pronunciar-se sobre os conteúdos a privilegiar nas campanhas sanitárias, 40,7% dos inquiridos sugeriram que as campanhas deveriam incluir *mensagens-choque* que despertem os jovens para a gravidade do problema da *sida*, 24% sugeriram que as campanhas sejam *mais informativas e realistas* e 17,8% sugeriram que as campanhas incluam *mensagens-fashion pró preservativo*. E só 14,2% foram de opinião que os conteúdos das mensagens *se mantenham* tal como estão.

17.ª – As conclusões anteriores parecem implicar a necessidade de um novo discurso preventivo em que a informação e o apelo a novos comportamentos na esfera da sexualidade deixem de basear-se apenas em constructos racionais e passem a dar a primazia às características psíquicas e emocionais dos jovens e a cada fase do seu desenvolvimento.

18.ª – A estratégia da OMS, designada por *ABC* deverá ser complementada com o apelo à realização do teste de despistagem do VIH. A propensão dos jovens para passarem a não usar preservativo quando estabelecem uma relação afectiva duradoura assim o exige. As campanhas devem propor, aos jovens que julgam ter estabelecido uma relação afectiva duradoura, a realização do teste de despistagem do VIH e terem a segurança da fidelidade mútua, antes de passarem a não usar preservativo no seu relacionamento sexual.

19.ª – Os serviços de saúde, mesmo aqueles que são talhados especificamente para os adolescentes e jovens, têm uma procura reduzida.

20.ª – No combate à *sida* é importante mobilizar todas as forças sociais, políticas e religiosas que têm influência na adolescência e juventude para que, nas respectivas faixas sociológicas, encontrem as mensagens mais adequada à prevenção e controle desta epidemia.

8.8 Sugestões para futuras investigações

Do presente estudo ressaltam algumas áreas que nos parecem de interesse aprofundar, da quais destacamos:

a) Desenvolver estudos comparativos no sentido de conhecer melhor os determinantes do comportamento preventivo.

b) Seria interessante replicar o presente estudo nas várias universidades portuguesas, públicas e privadas. Os resultados e as medidas a desenvolver assentariam em dados mais amplos, fiáveis e passíveis de generalização.

c) Seria interessante realizar estudos sobre o impacto das festas académicas de Outono e Primavera para uma cultura de prevenção na vida sexual dos estudantes universitários e o seu significado para a iniciação sexual e para o consumo de bebidas alcoólicas e de outras substâncias psico-activas.

d) Seria importante estudar os factores que determinam a procura de cuidados de saúde sexual e reprodutiva por parte dos jovens, para que haja uma harmonização da oferta com a procura, que, como sabemos, é muito baixa nesta faixa etária.

e) Fazer estudos longitudinais que documentem as mudanças que se verificam, ou não, no comportamento sexual e preventivo de uma dada população ao longo dos anos.

f) Estudar a difusão dos *novos mitos sobre VIH/sida* e suas repercussões no uso do preservativo.

g) Estudar os factores que explicam a confiança dos jovens no(a) parceiro(a) sexual.

BIBLIOGRAFIA

Alarcão, M. (2002), *(des) Equilíbrios Familiares, uma visão sistemática*, 2ª edição, Quarteto Editora, Coimbra.

Alferes, V.R. (2002*), Encenações e Comportamentos Sexuais – para uma psicologia social da sexualidade*, 2ª ed., Edições Afrontamento, Centro de Estudos Sociais, Porto.

Almeida, A., Silva, C. e Cunha, G. (2005), Os Adolescentes e o VIH/*SIDA*: estudo sobre os conhecimentos, atitudes e comportamentos de saúde relativos ao VIH/*SIDA*, in: *Revista Nacional de Saúde Pública*, vol. 23, nº 2, Julho/Dezembro, pp. 105-112.

Alvarez, M. J. (2005), *Representações Cognitivas e Comportamentos Sexuais de Risco: o guião e as teorias implícitas da personalidade nos comportamentos de protecção sexual*, Fundação Calouste Gulbenkian e Fundação para a Ciência e a Tecnologia, s/l.

Amaro, F. (2004), *Inquérito às Opiniões, Atitudes, Conhecimentos e Comportamentos Face à SIDA da População Portuguesa dos 15 aos 69 anos*, Comissão Nacional de Luta Contra a *SIDA*/ Instituto Superior de Ciências Sociais e Políticas da Universidade Técnica de Lisboa, Lisboa.

Amaro, F. e Cunha-Teles, L. (2006), *A SIDA em Portugal e o Contexto Sociopolítico*, Fundação N. S. do Bom Sucesso, Lisboa.

Amaro, F., Frazão, C., Pereira, M.E. e Cunha-Teles, L. (2004), HIV/AIDS Risk Perception, Attitudes and Sexual Behavior in Portugal, in: *International Journal of STD and AIDS*, 15, pp. 56-60.

APA (American Psychological Association) (2001), *Publication Manual of the American Psychological Association*, 5th ed., Washington DC.

Barbosa, A. e Pedro, J.G. (edit.) (2000), *Sexualidades*, Departamento de Educação Médica, Faculdade de Medicina de Lisboa, Lisboa.

Bardin, L. (1977), *Análise de Conteúdo* (trad. de Luís Antero Reto e Augusto Pinheiro, de *L'Analyse de Contenu*, Presses Universitaires de France, 1977), Edições 70, Lisboa.

Barros, P.P. (2003). Estilos de Vida e Estado de Saúde: uma estimativa da função de produção de saúde, in: *Revista Portuguesa de Saúde Pública*, 3, 7-17.

Bastos, C. (2002), *Ciência, Poder, Acção: as respostas à Sida*, Imprensa de Ciências Sociais, Lisboa.

Bento, R. (2001), *SIDA*: Encruzilhada de perspectivas, dilemas e controvérsias, in: *InformaçãoSida*, nº 26, Ano V, Maio-Junho, Lisboa, p. 6-7.

Bernard, E. J. (2008), A revisão sistemática das orientações suiças foi incapaz de confirmar ou de negar o risco de infecção pelo VIH quando existe carga viral indetectável – *XVII Conferência sobre SIDA/ International AIDS Conference, Mexico City, abstract THACO505*, acedido em www.AidsPortugal.com, em 2 de Setembro de 2008.

Bernardo, J. L. (1998), 'Bridging the Gap'. E as Prisões?, in: *InformaçãoSida*, nº 9, Ano II, Julho-Agosto, Lisboa, p. 16.

Braunwald, E., Fauci, A. S., Kasper, D. L., Hauser, S. L., Longo, D. L. e Jameson, J. L. (Edit.) (2002), *Harrison – Medicina Interna*, 15ª ed., volume II, McGraw Hill, Rio de Janeiro, 2002.

Brückner, H. e Beaman, P. (2005), After the Promise: the STD consequences of adolescent virginity pledges, in: *Journal of Adolescent Health*, 36 (2005), 271-278.

Camargo, B.V. e Barbará, A. (2004). Efeitos de panfletos informativos sobre a Aids em adolescentes, in: *Psic. Teor. e Pesq.*, vol. 20, nº. 3, Brasília, pp. 279-287.

Camacho, R. (2003), Cerca de ¼ dos Doentes em Falência Terapêutica São Resistentes a Tudo, in: *IS*, nº 38, Ano VII, Maio-Junho, Lisboa, p. 6-10.

Canavarro, M. C., Pereira, M. e Morgado, l. M. (2003), *A Adolescência, a Mulher e a Sida*, acedido em http://www.aids.congress.net, em 15 de Agosto de 2007.

Castanheira, J. L. (1997), Mensagem, in: *IS* (1997), nº 4, Ano I, Setembro-Outubro, Lisboa, p. 3.

Centro de Vigiância Epidemiológica das Doenças Transmissíveis (2006), *Infecção pelo VIH/SIDA: a situação em Portugal em 31 Dezembro de 2005*, doc. 135, Instituto Nacional de Saúde Dr. Ricardo Jorge, Lisboa.

Centro de Vigiância Epidemiológica das Doenças Transmissíveis (2006[1]), *Infecção VIH/SIDA: a situação em Portugal em 30 de Junho de 2006*, doc. 136, Instituto Nacional de Saúde Dr. Ricardo Jorge, Lisboa.

Centro de Vigiância Epidemiológica das Doenças Transmissíveis (2007), *Infecção VIH/SIDA: a situação em Portugal em 31 de Dezembro de 2006*, doc. 137, Instituto Nacional de Saúde Dr. Ricardo Jorge, Lisboa.

Conselho Nacional de Ética Para as Ciências da Vida (1999), *A Sexualidade Humana – Reflexão Ética*, 29/CNECV/99.

Comissão Nacional de Luta Contra a SIDA (2004), *Estudo serológico-comportamental numa amostra de estudantes do ensino superior, 2004*, Ministério da Saúde, Lisboa.

Comissão Nacional de Luta Contra a SIDA) (2005), *Relatório de Actividades 2003-2004*, Lisboa.

Coimbra de Matos, A. (2002), *Adolescência*, Climepsi Editores, Lisboa, 2002

Conferência Europeia (2000), *Determinantes da Saúde na União Europeia – Actas da Conferência de Évora: Saúde dos Jovens*, p. 87-115.

Coordenação Nacional para a Infecção VIH/sida – CNsida (2007), *Programa Nacional de Prevenção e Controlo da Infecção VIH/sida 2007-2010: um compromisso com o futuro*, Alto Comissariado da Saúde, Ministério da Saúde, Lisboa.

Cordeiro, M. (1997), *Dos 10 aos 15 – Adolescentes e Adolescência*, Vol. 1, Quatro Margens Editora, Lisboa.

Cruz, J.F. (1999), Conhecimento, Atitudes e Práticas Sexuais dos Estudantes Universitários: implicações para a prevenção do VIH/SIDA nos jovens, in: Precioso, J. e col., *Educação para a Saúde*. Departamento de Metodologias da Educação, Universidade do Minho, Braga, pp. 217-233.

Cruz, J.F. e Melo, B. (1996), A Utilização do Preservativo nos Jovens Adultos: estudo preliminar das hipóteses da Teoria da Acção Racional para a prevenção do *SIDA*, in: Almeida, L., Silvério, J., Araújo, S., *Actas do II Congresso Galaico-Português de Psicopedagogia*, Universidade do Minho, Braga, pp. 131-141.

Cruz, J. F., Vilaça, M., Sousa, A., Gomes, A., Melo, B., Araújo, M., Dias, C., Freitas, M. e Ruivo, M. (1997), Comportamentos, Atitudes e Práticas Sexuais dos Estudantes Universitários, in: *Psicologia – teoria, investigação e prática*, vol. 2, nº 2, Junho, pp. 279-304.

Cunha-Oliveira, A. (2007), *O uso e o Não Uso do Preservativo numa População Jovem: contributo para a compreensão dos factores que condicionam a adesão aos mecanismos de prevenção do VIH/sida* (orientadores: Professor Doutor João Rui Pita e Professor Doutor Salvador Massano Cardoso), Dissertação de Mestrado em Saúde Pública, Faculdade de Medicina da Universidade de Coimbra, Coimbra.

Cunha-Teles, L. (2002), Fundação Nossa Senhora do Bom Sucesso Tem Sido um Marco na Luta Contra a *SIDA*, in: *InformaçãoSida*, nº 33, Ano VI, Julho-Agosto, Lisboa, p. 6-9.

Cunha-Teles, L. (2003), Uma Epidemia e Duas Revoluções, in: *informação SIDA e outras doenças infecciosas*, nº 38, Ano VII, Maio-Junho, Lisboa, p. 20-22.

Davis, C.M., Yarber, W. L., Bauserman, R., Scheer, G. e Davis, S. (1998), *Handbook of Sexuality-Related Measures*, Sage Publications, Thousand Oaks, London e New Delhi.

DeHart, D. e Birkimer, J. (1997), Trying to Practice Safer Sex: development of the Sexual risks Scale, in: *The Journal of Sex Research*, vol. 34, nr. 1, pp.11-25.

Dehene, K.L. e Riedner, G. (2005), *Sexual Transmitted Infections Among Adolescents: the need for adequate health services*, Department of Reproductive Health and Research, WHO, Geneve.

Despacho nº 19 871/ 2005 (2ª série) – *Diário da República*, nº 178, de 15 de Setembro de 2005.

Direcção-Geral da Saúde (2002), *Ganhos de Saúde em Portugal: Relatório de 2001 do Director-Geral e Alto-Comissário da Saúde*, Direcção-Geral da Saúde, Lisboa, 2002.

Direcção-Geral da Saúde (2005), *Programa Nacional de Saúde dos Jovens – Proposta*, Divisão de Saúde Materna, Infantil e dos Adolescentes, Novembro, Lisboa.

Direcção-Geral da Saúde (2006), Circular Informativa nº 20/DFI, de 05/05/06.

Direcção-Geral da Saúde – Alto Comissariado da Saúde (2002), Editorial: A intervenção na Escola, in: *RISCO – Rede Nacional de Escolas Promotoras de Saúde* (2002), nº 3, p.4.

Direcção-Geral da Saúde – Divisão de Saúde Escolar (2005), *Avaliação do Programa de Saúde Escolar. Ano lectivo 2003/04. Relatório*, Direcção-Geral da Saúde, Lisboa, 2005.

Eurobaromètre Spécial (2003), *Le SIDA*, Comission Européenne. Acedido em 18 de Janeiro de 2007 em www.eurohiv.org

Fernández, M.L., Castro, Y.R., Otero, M.C e Lorenzo, M.G. (2004), Creencias Vinculadas al Uso del Preservativo Masculino en Adolescentes Españoles Sexualmente Activos, in: *Univ. Psychol. Bogotá (Colombia), 3 (1): 27-34*, enero-junio.

Ferreira, W. C. e Sousa, J. C. (2002), *Microbiologia*, vol. 3, Lidel, Lisboa-Porto-Coimbra.

Fortin, M.-F. (1999), *O Processo de Investigação: da concepção à realização*, Lusociência, Loures.

Frasquilho, M.A. (1998). Estilo de Vida, Comportamentos e Educação para a Saúde. Comportamento-problema e comportamento saudável segundo os adolescentes, in: *Revista Portuguesa de Saúde Publica*, vol.16, nº 1, Janeiro/Março, pp.13-19.

Galhardo, A. e Marques, P. (2004), *Descobre Outros Prazeres*, Associação Académica de Coimbra, Coimbra.

Gebhardt, W.A., Kuyper, L. e Greunsven, G. (2003), Need for Intimacy in Relationships and Motives for Sex as Determinants of Adolescent Condom Use, in: *Journal of Adolescent Health*, vol. 33, nr. 3, September, pp. 154-164.

Gelder, M., Gath, D., Mayou, R. e Cowen, P. (1996), *Oxford Textbook of Psychiatry*, 3[d] ed., Oxford University Press, New York.

Geluda, K., Bosi, M.L.M., Cunha, A.J.L. e Trajman, A. (2006), "Quando Um Não Quer, Dois Não Brigam": um estudo sobre o não uso constante de preservativo masculino por adolescentes do Município do Rio de Janeiro, Brasil, in: *Cadernos de Saúde Pública*, vol. 22, nº 8, pp. 1671-1680, Rio de Janeiro, Agosto 2006.

Grmek, M. (1994), *História da Sida*, (trad. Paulo Faria, de *Histoire du sida*, Payot, Paris, 1990), Relógio d'Água, Lisboa.

Gonçalves, M. (1999), *Código Penal Português – anotado e comentado e legislação complementar*, 13ª ed. , Almedina, Coimbra.

Guttmacher, S., Liebermann, L., Ward, D., Freundenberg, N., Radosh, A e Des Jarlais, D. (1997), Condom Availability in New York City Public High Schools: relationships to condom use and sexual behaviour, in: *American Journal of Public Health*, vol. 87, nr. 9, pp. 1427-1433.

Hill, M. M. e Hill, A. (2005), *Investigação por Questionário*, Edições Sílabo, 2ª ed., Lisboa.

Hogben, M., Liddon, N., Pierce, A., Sawyer, M., Papp, J., Black, C. e Koumans, E. (2006), Incorporating Adolescent Females' Perceptions of their Partners' Attitudes Toward Condoms into a Model of Female Adolescent Condom Use, in: *Psychology, Health and Medicine*, vol.11, nr. 4, pp. 449-460.

Instituto Nacional de Estatística (2002), *Mulheres e Homens em Portugal nos Anos 90*, Estatísticas Oficiais, População e Condições Sociais, Lisboa.

Instituto Nacional de Estatística (2002), *Portugal Social 1991-2001*, Estatísticas Oficiais, População e Condições Sociais, Lisboa.

InformaçãoSIDA (1998), 1 de Dezembro, Dia Mundial da *SIDA*, nº 11, Ano II, Novembro-Dezembro, Lisboa.

InformaçãoSIDA (1999), 1.º Aniversário do CRA – Centro de Rastreio Anónimo da Infecção VIH, nº 14, Ano III, Lisboa, pp. 16-20..

InformaçãoSIDA (2002), Fundação Nossa Senhora do Bom Sucesso tem sido um marco na luta contra a SIDA, nº 33, Ano VI, Lisboa.

InformaçãoSIDA (2003), Um Risco Colossal que Ameaça a Humanidade, nº 41, Ano VII, Novembro-Dezembro, Lisboa.

InformaçãoSIDA (2004), Os Cuidados Psico-Afectivos São Fulcrais no Sucesso Terapêutico, nº 47, Ano VIII, Novembro-Dezembro, Lisboa, pp. 18-20..

InformaçãoSIDA (2005), Stop AIDS. Cumpra a Promessa, nº 53, Ano IX, Novembro-Dezembro, Lisboa.

InformaçãoSIDA (2007a), Resposta à Medida das Necessidades – RNCCI, nº 60, Ano X, Janeiro-Fevereiro, Lisboa, p. 4.

InformaçãoSIDA (2007b), Portugal está atrasado na prevenção do VIH/SIDA, Nº 61, Ano XI, Março-Abril, Lisboa

InformaçãoSIDA (2007c), 73% admitiram nunca ter feito diagnóstico, nº 62, Ano XI, Maio-Junho, Lisboa.

Jornal de Notícias (2003), 19 de Janeiro de 2003, p.28.

Knauth, D. (2004), *Apresentação*, Encontro Estadual de Políticas Públicas de Juventude, Mesa 7 – Políticas de Saúde, 29 e 30 de Setembro de 2003, pp. 163-167, São Paulo. Acedido em 10/02/2007 em www.pcs.org.br/Livros/politicasPublicas/Mesa7.pdf.

Koopman, C. e Reid, H. (1998), Assessment of Knowledge and beliefs About HIV/AIDS Among Adolescents, in: Davis, C.M., Yarber, W. L., Bauserman, R., Scheer, G. e Davis, S. (1998), *Handbook of Sexuality-Related Measures*, Sage Publications, Thousand Oaks, London e New Delhi, pp. 321-324.

Krippendoff, K. (1980), *Content Analysis: an introduction to its methodology*, Sage, London.

Leão, M.P.N.P. (2005), *Atitudes e Comportamentos Face ao VIH/SIDA no Ensino Superior: Contributos para Novas Estratégias de Prevenção*, Dissertação de Mestrado em SIDA, Faculdade de Psicologia e Ciências da Educação, Universidade de Coimbra.

Leão, M.P. e Pereira, A.M.S. (2005), Afinal… a *SIDA* Só Acontece aos Outros! comportamentos e níveis de tolerância face ao VIH/*SIDA* em estudantes do ensino superior, in: Pereira, AM.S. e Motta, E. (Eds.), *Acção Social e Aconselhamento Psicológico no Ensino superior: investigação e intervenção*, Actas do Congresso Nacional, SASUC Edições, Coimbra, pp. 375-382.

Lescano, C., Vazquez, E., Brown, L., Litvin, E. e Pugatch, D. (2006), Condom Use with "Casual" and "Main" Partners: what's in a name?, in: *Journal of Adolescent Health*, nº 39, pp. 443.e1-443.e7.

Levy, L., Moreira, A. e Ribeiro, P. (1996), Adolescentes e Preservativos, in: *Acta Pediátrica Portuguesa*, Nº 7, vol. 26, pp. 423-426.

Lima, L.N. (2000), *Concepções Sobre a Adolescência e Promoção da Autonomia: estudo exploratório*, Dissertação de Mestrado não publicada, Faculdade de Psicologia e de Ciências da Educação da Universidade de Coimbra, Coimbra.

Lopes, J.C.F. (2006) Sexualidade dos Adolescentes e VIH/SIDA: Conhecer para Educar, Dissertação de Mestrado em Activação do Desenvolvimento Psicológico, Departamento de Ciências da Educação, Universidade de Aveiro.

Lopes, N. A. (2003), História da Medicina – Saúde Sexual e Reprodutiva. A história do preservativo, in: *Sexualidade e Planeamento Familiar*, nº 37, Maio-Dezembro, pp. 31-33.

Lopes, O. (2006) *SIDA: Os media são deuses de duas cabeças – como estruturar campanhas de Saúde Pública*, Psicosoma, Viseu.

Loureiro, F. (1990), Informação Sexual dos Adolescentes – grau de conhecimentos, relação com comportamentos e opiniões, in: *Revista Portuguesa de Saúde Pública*, vol. 8, nº 2, Abril/Junho, pp. 17-24.

Lucas, J.S. (1987), Os Portugueses e a *SIDA*: inquérito nacional sobre os conhecimentos, atitudes e comportamentos associados à *SIDA*, in: *Revista Portuguesa de Saúde Pública*, vol 5, nº 3-4, Julho/Dezembro, pp. 89-100.

Lucas, J. S. e Santos, S. (1993), Médicos de Família e Prevenção da *SIDA*, in: *Revista Portuguesa de Saúde Pública*, vol 11, nº 2, Abril/Junho, pp. 29-34.

Marques, A.M., Prazeres, V., Pereira, A., Vilar, D., Forreta, F., Cadete, J. e Meneses, P.F. (2000), *Educação Sexual em Meio Escolar – linhas orientadoras*, Ministério da Educação/ Ministério da Saúde, Lisboa.

Marston, C. e King, E. (2006), Factors that Shape Young People's Sexual Behaviour: a systematic review, in: *The Lancet*, vol. 368, November 4, pp. 1581-1585.

Massano-Cardoso, Ilda. M. M. (2003), *Validação e Aferição do Endler Multidimensional Anxiety Scales (EMAS) para a População Portuguesa Adolescente – Portugal Continental* (Dissertação de mestrado), Faculdade de Medicina da Universidade de Coimbra, Coimbra.

Massano-Cardoso, S. (2004), *Notas e Técnicas Epidemiológicas*, 5ª ed., Instituto de Higiene e Medicina Social, Faculdade de Medicina da Universidade de Coimbra, Coimbra.

Massano-Cardoso S. (2005), *Crónicas Paraepidemiológicas*, Nº 2, Instituto de Higiene e Medicina Social, Faculdade de Medicina da Universidade de Coimbra, Coimbra.

Matos, M.G. e Equipa do Projecto Aventura Social e Saúde (2003), *A Saúde dos Adolescentes Portugueses (Quatro Anos Depois)*, Edições FMH, Lisboa.

Matos, M.G., Simões, C., Canha, L., Carvalhosa, S.F. (1996), *Saúde e Estilos de Vida Saudáveis nos Jovens Portugueses*, Faculdade de Motricidade Humana, Lisboa.

McLaren, A. (1997), *História da Contracepção – da antiguidade à actualidade* (trad. port. de Teresa Perez, de: *A History of Contraception – from antiquity to the present day*, Basil Blackwell, Ltd, 1990), Terramar, Lisboa.

Meekers, D. e Van Rossem, R. (2005), *Explaining Inconsistencies Between Data on Condom Use and Condom Sales*, BMC Health Serv. Res., 2005, 5:5.

Meneses, P. F. (1998), A Educação Interpares na Prevenção da *SIDA*, in: *InformaçãoSIDA*, nº 11, Ano II, Novembro-Dezembro, Lisboa, p. 12-13.

Ministério da Educação (2005), *Relatório Preliminar do Grupo de Trabalho de Educação Sexual*, Ministério da Educação, Lisboa, 31 de Outubro de 2005.

Ministério da Saúde (2004a), *Plano Nacional de Saúde 2004-2010: mais saúde para todos*, volume I – Prioridades, Direcção-Geral da Saúde, Lisboa.

Ministério da Saúde (2004b), *Plano Nacional de Saúde 2004-2010: mais saúde para todos*, volume II – Orientações estratégicas, Direcção-Geral da Saúde, Lisboa.

Miranda, A. M. (1997) Infecção VIH e sociedade, in: *InformaçãoSIDA*, nº 4, Ano I, Setembro/Outubro, Lisboa, p. 16-18.

Motta, E., Vaz, A., Pereira, A.M.S., Pinto, C., Bernardino, O., Melo, A., Pereira, A., Ferreira, J., Rodrigues, M.J., Medeiros, A., Bombas, T., Monteiro, S., Pinheiro, M.J., Carvalho, D. e Nossa, P. (2006), Educação Para a Saúde pelos Pares: intervenção em comportamentos de risco do VIH/SIDA, in: Leal, I., Ribeiro, J.P., Jesus, S.N. (Orgs), *Actas do 6.º Congresso Nacional de Psicologia da Saúde*, Universidade do Algarve, Faro, pp. 673-679.

Nadeau, L., Truchon, M. e Biron, C. (2000), High-risk sexual behaviors in a context of substance abuse. A focus group approach, in: *Journal of Substance Abuse Treatment, 19*, pp. 319-328.

Nossa, P. e Silvestre, M. (2005), Estudo Sobre Comportamentos de Estudantes do Ensino Superior e sua Relação com Infecções Sexualmente Transmissíveis, in: Pereira, A.M.S. e Motta, E. (Eds.), *Acção Social e Aconselhamento Psicológico no Ensino Superior: investigação e intervenção*, Actas do Congresso Nacional, SASUC Edições, Coimbra, pp. 383-386

Notícias Magazine (2004), 12 de Dezembro de 2004, Vasco Prazeres: Assim não vamos lá, p.16.

Notícias Médicas (2007), 11 de Abril de 2007, Profª Maria Odete Ferreira – Prémio Universidade de Lisboa 2006, p 26.

Oliveira, L., Pereira, A. e Santiago, R. (2004), *Investigação em Educação – abordagens conceptuais e práticas*, Colecção Cidine, nº 16, Porto Editora, Porto.

Ott, M.A., Millstein, S.G., Ofner, S. e Halpern-Felsher, B.L. (2006), Greater Expectations: adolescents' positive motivations for sex, in: *Perspectives on Sexual and Reproductive Health*, vol. 38, nr. 2, pp. 84-89.

Papalia, D. E., Olds, S. W. e Feldman R. D. (2001), *O Mundo da Criança* (trad. port. de Isabel Soares, Alice Bastos, Carla Martins, Inês Jongenelen, Orlanda Cruz e Teresa Gonçalves, de *A Child's World: Infancy Through Adolescence*, 8ᵗʰ edit., The McGraw-Hill Companies, Inc., New York, 1999), Editora McGraw-Hill de Portugal, Lisboa, 2001.

Pardal, M. M. S. (1997) Comportamentos de Risco, in: *IS*, nº 4, Ano I, Setembro-Outubro, Lisboa, p. 23.

Parkes, A., Wight, D., Henderson, M. e Hart, G. (2007), Explaining Associations Between Adolescent Substance Use and Condom Use, in: *Journal of Adolescent Health*, nr. 40, pp. 180.e1-180.e18.

Pereira, A.M.S., Fonseca, A. e Silva, C. (2002), Health Behaviour: Understanding Students Sexuality, in: *International Journal of Behaviour Medicine*, Vol.9, Lawrence Erlbaum Associates, Publishers, London, pp. 215.

Pereira, J. M. e Tavares, L. (1998), Retrovírus, in: Ferreira, W. F. C. e Sousa, J. C. F. (Coord.) (1998), *Microbiologia*, Vol. 3, Lidel, Lisboa, 1998, p. 275-311.

Pita, J. R. (2007), *História da Farmácia*, 3º ed., Minerva, Coimbra.

Ponte, C. (2004), Notícias e Silêncios – a cobertura da Sida no Diário de Notícias e no Correio da Manhã, Col. Comunicação, nº 4, Porto Editora, Porto.

Portaria nº 258/2005, de 16 de Março, *Diário da República* – I Série-B, nº 53, p. 2343.

PortugalDiário (2007), *SIDA: universitários correm risco muito elevado*. Consulta em www.portugaldiario. iol.pt, acedido em 18/01/2007.

Prazeres, V. (1998), *Saúde dos Adolescentes: princípios orientadores*, DGS, Lisboa.

Prazeres, V. (2002), Saúde dos Adolescentes, in: Silva, L. F. (2002*), Promoção da Saúde,* Universidade Aberta, Lisboa.

Prazeres, V. (2003), *Saúde Juvenil no Masculino: género e saúde sexual e reprodutiva*, DGS, Lisboa.

Prazeres, V. e Laranjeira, A. R. (2005), *Mortalidade em Idades Jovens – relatório 1992-2003*, DGS, Lisboa.

Prazeres, V., Laranjeira, A.R. e Oliveira, V. (2004), *Saúde Juvenil: relatório sobre programas e oferta de cuidados*, DGS, Lisboa.

Público (2003), "Sociedade", *Jornal Público*, 9 de Julho, p. 26.

Público (2004), "Sociedade", *Jornal Público*, 24 de Fevereiro, p. 28.

Público (2005). Estudo: uma em cada seis adolescentes faz sexo desprotegido, *Jornal Público*, 2 de Março.

Público (2006a), *Preservativos a 20 cêntimos.* Acedido a 29 de Novembro de 2006, em www.publico.pt.

Público (2006b), *Adolescentes Usam Mais o Preservativo e Fumam Menos.* Acedido a 17 de Setembro de 2006, em www.publico.pt .

Relvas, J., Lomba, L. e Mendes, F. (2006), *Novas Drogas e Ambientes Recreativos*, Lusociência, Loures.

Rodrigues, A., Ribeiro, A. R. e Colaço, M. A. (Coord.) (2006), *Reflectir Sobre a Sidadania*, Fundação da Juventude/CNsida, Porto, Lisboa, acedido a 25 de Abril de 2007 em www.*sida*.pt

Sampaio, D. (2000), Sexualidade na Adolescência, in: Gomes-Pedro, J. e Barbosa, A. (2000), *Sexualidade*, p. 79-85. Departamento de Educação Médica, Faculdade de Medicina de Lisboa, Lisboa, 2000.

Sanches, K.R.B. (1999), *A AIDS e as Mulheres Jovens: Uma Questão de Vulnerabilidade*, Dissertação de Doutoramento em Ciências na área de Saúde Pública, Escola Nacional de Saúde Pública, Instituto Oswaldo Cruz, Rio de Janeiro. Acedida em http://portalteses.cict.fiocruz.br, em 27-01-2006.

Santos, A.C. (2002), Sexualidades Politizadas: ativismo nas áreas da AIDS e da orientação sexual em Portugal, in: *Cadernos de Saúde Pública*, 18, nº 3, Rio de Janeiro, Maio-Junho, pp. 595-611.

Santos, J.L. (1993), *SIDA: A Sexualidade Desprevenida dos Portugueses*, McGraw-Hill, Lisboa.

Sellers, D., McGraw, S. e McKinley, J. (1994), Does the Promotion and Distribution of Condoms Increase Teen Sexual Activity? Evidence from an HIV Prevention Program for Latino Youth, in: *American Journal of Public Health*, vol. 84, nr. 12, pp. 1952-1957.

Silva, A. S. e Pinto, J. M. (1986), *Metodologia das Ciências Sociais*, 8ª ed., Col. Biblioteca das Ciências do Homem, Edições Afrontamento, Porto.

Silva, M. O. (1992), *A Gravidez na Adolescência – relevância clínica da intervenção pré-natal,* Dissertação de Doutoramento, Faculdade de Medicina de Lisboa, Lisboa.

Silvestre, M. (1999), Síndrome de Imunodeficiência Adquirida: da clínica à terapêutica, in: Morgado, L. (Coord.). *Educação e SIDA*. Comissão Europeia, Coimbra.

Sinding, S.W. (2005), Does "CNN" (Condom, Needles, Negotiation) Work Better than "ABC" (Abstinence, Being Faithful and Condom Use) in Attacking the AIDS Epidemic? in: *International Family Planning Perspectives*, vol. 31, nr. 1, March 2005.

Sprinthall, N. A. e Collins, W. A. (2003), *Psicologia do Adolescente – uma abordagem desenvolvimentista* (trad. port. de Cristina Maria Coimbra Vieira, de *Adolescent Psychology. A Developmental View*, 2nd ed., McGraw-Hill Inc., New York, 1988), Serviço de Educação e Bolsas, Fundação Calouste Gulbenkian, 3ª ed., Lisboa.

Svenson, G. *et al.* (2001), *Os Jovens e a Prevenção da SIDA – guia europeu de educação pelos pares*, CNLCS, Lisboa.

Tamayo, A., Lima, A., Marques, J., e Martins, L. (2001), Prioridades Axiológicas e Uso de Preservativo, in: *Psicologia: Reflexão e Crítica*, vol. 14, nº 1, Porto Alegre, pp. 167-175.

Taquette, S.R., Vilhena, M.M. e Paula, M.C. (2004), Doenças Sexualmente Transmissíveis na Adolescência: estudo de fatores de risco, *in: Revista da Sociedade Brasileira de Medicina Tropical* 37 (3), mai-jun, pp. 210-214.

Teixeira, A.M.F.B., Knauth, D.R., Fachel, J.M.G. e Leal, A.F. (2006), Adolescentes e Uso de Preservativos: as escolhas dos jovens de três capitais brasileiras na iniciação e na última relação sexual, in: *Cadernos de Saúde Pública*, 22, nº 7, Rio de Janeiro, Julho, 2006.

Tempo Medicina (2003), Entrevista. Prof. Machado Caetano em vésperas da inauguração do CAOJ:"Temo não ser capaz de convencer as pessoas que detêm o poder a permitirem que isto se transforme num projecto nacional", 27 de Janeiro de 2003, p. 28 e 29.

UNAIDS (2004a), *Making Condoms Work for HIV Prevention: cutting-edge perspectives*, UNAIDS Best Practice Collection, Geneva.

UNAIDS/WHO (2006), AIDS Epidemic Update, Geneva, December.

UNFPA (2005), *A Situação da População Mundial em 2005 – A Promessa de Igualdade. Equidade em Matéria de Género, Saúde Reprodutiva e Objectivos de Desenvolvimento do Milénio*, United Nations Population Fund, New York.

Vail-Smith, K., e Durham, T. W. (1998), Condom Embarrassment Scale, in: Davis, C.M., Yarber, W. L., Bauserman, R., Scheer, G. e Davis, S. (1998), *Handbook of Sexuality-Related Measures*, Sage Publications, Thousand Oaks, London e New Delhi, pp. 137-138.

Vala, J. e Monteiro, M.B. (Coord.) (1997), *Psicologia Social*, 3ª ed., Fundação Calouste Gulbenkian, Serviço de Educação e Bolsas, Lisboa.

Ventura, F. (2000). A Luta Contra o VIH/*SIDA*, in: *Contra SIDA*, Comissão Nacional de Luta Contra a SIDA, Lisboa, Dezembro.

Vernazza, P., Hirschel, B., Bernasconi, E. e Flepp, M. (2008), Les personnes séropositives ne souffrant d'aucune autre MST et suivant un traitement antirétroviral efficace ne transmettent pas le VIH par voie sexuelle, *Bulletin des médecins suisses | Schweizerische Ärztezeitung | Bollettino dei medici svizzeri*, 2008; 89:5.

Vidal, V. (1991), *A Pequena História do Preservativo*, Campo das Letras, Porto.

Vilaça, M. e Cruz, J. (1996), Conhecimentos e Atitudes dos Adolescentes e Jovens Adultos Face à SIDA, in: Almeida, L., Silvério, J., Araújo, S., in: *Actas do II Congresso Galaico-Português de Psicopedagogia*, Universidade do Minho, Braga, pp. 205-212.

Villela, W.V. e Doreto, D.T. (2006), Sobre a Experiência Sexual dos Jovens, in: *Cadernos de Saúde Pública*, 22, nº 11, Rio de Janeiro, Novembro 2006.

Wellings, K., Collumbien, M., Slaymaker, E., Sing, S., Hodges, Z., Patel, D. e Bajos, N. (2006), Sexual Behaviour in Context: a global perspective, in: *The Lancet*, vol. 368, November, pp. 1706-1728.

Weller, S. (1993), A Meta-Analysis of Condom Effectiveness in Reducing Sexuality Transmitted HIV, in: *Soc. Set. Med.*, 12 (36), pp. 1635-1644.

WHO (2008), XVII International AIDS Conference, 3-8 August 2008, frequently asked questions, Geneva, acedido em http://www.who.int/hiv em 10/09/2008.

World Health Organization (1986a), *Health Promotion: concepts and principles in action, a policy framework*, WHO, Geneve.

World Health Organization (1986b), *Ottawa Charter for Health Promotion*, WHO, Geneve.

World Health Organization (2004), *Sexually Transmitted Infections: issues in adolescent health and development*. WHO, Department of Child and Adolescent Health and Development; Department of Reproductive Health and Research, Geneva.

World Health Organization (2006), *Global Strategy for the Prevention and Control of Sexually Transmitted Infections: 2006-2015. Key Messages*. WHO, Department of Reproductive Health and Research, Geneva.

World Health Organization / UNAIDS (2003), *The Male Latex Condom – specification and guidelines for condom procurement*, WHO, Department of Reproductive Health and Research, Geneva.

World Health Organization / UNAIDS (2004), *Position Statement on Condoms and HIV Prevention*, July.

Widdice, L., Cornell, J., Liang, W. e Halpern-Felsher, B. (2006), Having Sex and Condom Use: potential risks and benefits reported by young, sexually inexperienced adolescents, in: *Journal of Adolescent Health*, nr. 30, pp. 588-595.

Índice de Tabelas

ÍNDICE DE SIGLAS E ACRÓNIMOS

AIDS – ver "SIDA"
ANOVA – Analyse of Variance (univariate)
APIFARMA – Associação Portuguesa da Indústria Farmacêutica
ARS – Administração Regional de Saúde
CAD – Centro de Aconselhamento e Detecção Precoce
CAJ – Centro de Atendimento de Jovens
CNsida – Coordenação Nacional para a Infecção VIH/sida
CNLCS – Comissão Nacional de Luta Contra a SIDA
CVEDT – Centro de Vigilância Epidemiológica das Doenças Transmissíveis
DGS – Direcção-Geral da Saúde
DGS-ACS – Director-Geral da Saúde e Alto-Comissário para a Saúde
DGS-DSE – Direcção-Geral da Saúde – Divisão de Saúde Escolar
DST – Doenças Sexualmente Transmissíveis
GI – Gravidez Inoportuna
GTES – Grupo de Trabalho de Educação Sexual
HIV – ver VIH
INE – Instituto Nacional de Estatística
IST – Infecções Sexualmente Transmissíveis
ME – Ministério da Educação
MS – Ministério da Saúde
OMS – Organização Mundial de Saúde
ONG – Organizações Não Governamentais
ONUSIDA – Programa Conjunto das Nações Unidas para o VIH/SIDA
PNPCIVIH/*sida* – Plano Nacional de Prevenção e Controlo da Infecção VIH/sida
PNS – Plano Nacional de Saúde
PNUD – Programa das Nações Unidas para o Desenvolvimento
REEPS – Rede Europeia de Escolas Promotoras de Saúde
RNCCI – Rede Nacional de Cuidados Continuados Integrados
SIDA – Síndrome de Imunodeficiência Adquirida
SPSS – Statistical Package for Social Sciences
UNAIDS – Joint United Nations Programme on HIV/AIDS. Ver "ONUSIDA"
UNFPA – Fundo das Nações Unidas para a População
US-CDCP – Centro Norte-Americano de Prevenção e Controle das Doenças
WHO – World Health Organization. Ver OMS.
VIH – Vírus da Imunodeficiência Humana